Kreuzstich · Alphabete

Hannelore Kopp

KREUZSTICH
Alphabete

Die Deutsche Bibliothek – CIP-Einheitsaufnahme
Kreuzstich-Alphabete / Hannelore Kopp. - Wiesbaden : Englisch, 1993
  ISBN 3-8241-0531-4

© by F. Englisch GmbH & Co Verlags-KG, Wiesbaden 1993
ISBN 3-8241-0531-4
Fotos Reinhard Berg.
Printed in Germany.

Inhaltsverzeichnis

Ein wenig Geschichte

Das wohl früheste Zeugnis für Stickerei wurde in Skandinavien gefunden und etwa auf den Zeitraum 1800 – 1100 v. Chr. datiert. Aus dieser Zeit könnten auch die Fragmente aus den ägyptischen Pharaonengräbern stammen.
Auf das 500. Jahrhundert v. Chr. datiert man das Stück einer Nadelmalerei aus Attika (Griechenland).

Aus Zentralasien, etwa 850 n. Chr., stammt das erste Mustertuch, das in einer dem Kreuzstich ähnlichen Technik ausgeführt wurde. Im 14. Jahrhundert findet man in England eine ganze Reihe von Mustertüchern, die im Tentstitch (= Zeltstich) ausgeführt sind.

Mittelalterliche Stickzeugnisse wurden jedoch hauptsächlich in Nadelmalerei oder im Klosterstich (auch Sparstich) angefertigt. Bei diesen Techniken ist man unabhängiger vom Gewebe als beim quadratischen Kreuzstich.

Man geht davon aus, daß zuerst nur Klosterfrauen und adlige Damen stickten, vielleicht zum Zeitvertreib. Hier war der Wunsch des Schmückens sicher vorrangig. Viele Monogrammtücher stammen aus den Zeiten des selbstbewußter werdenden Bürgertums.
Jeglicher Besitz, auch der von Wäsche, war Ausdruck von Wohlstand. Hinzu kommt, daß am gemeinsamen Waschplatz und auf der Bleiche mit Monogrammen gezeichnete Wäschestücke leichter wieder herauszufinden waren.

Papier war damals noch nicht Allgemeingut und stand somit zum Aufbewahren und Ausprobieren von Mustern und Entwürfen nicht zur Verfügung. Auf Stoff hingegen konnte man alle Muster aufsticken und aufbewahren, um sie bei Bedarf anzuwenden.
Das mag auch erklären, warum man auf manchen Tüchern nur gewisse Buchstaben findet. Man glaubte, für die Familie nur diese zu benöti-

gen. Diese „Merktücher" blieben in der Familie, gingen von der Mutter an die Tochter, wurden vielleicht ergänzt oder von Freundinnen nachgestickt.

Ende des 16. Jahrhunderts erschien das Musterbuch von Hans Sibmacher in Nürnberg. Den Motiven aus diesem Buch begegnet man seither beinahe in jeder Mustersammlung wieder.

In den Schulen wurde das Sticken der Merk- oder Mustertücher für alle Mädchen und junge Damen zur Selbstverständlichkeit.

Die Geschichte von Alphabet- und Mustertüchern ist ein so faszinierendes Gebiet, daß keine Leserin, die im Raum Celle unterwegs ist, einen Besuch im ausgezeichneten „Stickmustertücher-Museum" des Ehepaars Connemann, Am Prinzengarten in Celle versäumen sollte. Es ist sehr interessant und man erfährt immer wieder Neues aus der Geschichte des Stickens und dem Leben der Frauen zu früheren Zeiten.

Zur Einführung

Welches Material Sie wählen, bleibt letztlich Ihrem Geschmack überlassen. Sie sollten jedoch vor Beginn der Stickerei einige technische Details berücksichtigen, was eventuell kleine Pannen bei der Ausführung vermeiden hilft. Hierfür sind die folgenden Anmerkungen gedacht.

Die Nadeln

Gezählte Stickereien wie der Kreuzstich werden grundsätzlich nur mit Sticknadeln ohne Spitze ausgeführt. Bei Nadeln mit Spitze ist nie auszuschließen, daß man das Stickgarn beim Ein- und Ausstechen spießt und dadurch ein unsauberes Stickbild entsteht.

Nadel und Zubehör: Nadelköcher, Nadelkissen in Form eines Schwans, Garnhalter und Stickschere (alle Teile wurden nach alten Originalen in Sterlingsilber bzw. vergoldet

gearbeitet), Zentimetermaß und Stickvorlagen.
Stickgarn: Sticktwist oder einfädiges Baumwollgarn.

Die Garne

Je grober der Stoff, je stärker das Stickgarn; das ist die Grundregel. Das feine einfädige, matte Baumwollstickgarn mit seiner aparten Farbenvielfalt hat inzwischen viele Freunde gefunden. Am bekanntesten ist der Sticktwist, welcher 2-, 3-, 4- und 5fädig verwendet werden kann. Sticktwist ist mercerisiert, koch- und lichtecht und somit günstig für Gegenstände, die schon mal gekocht werden müssen.

Beim Verwahren der Fadenenden sollten Sie keine Knoten machen, die sich beim Bügeln durchdrücken oder beim Waschen aufgehen. Beim Vernähen von Sticktwist gibt es, wenn man ihn 2-, 4- oder 6fädig verstickt, einen hilfreichen kleinen Trick, der das Verwahren am Anfang erleichtert, und den ich Ihnen gerne verraten möchte. Schneiden Sie den Stickfaden doppelt so lang zu wie Sie ihn brauchen. Teilen Sie 1, 2 oder 3 Fäden ab, und legen sie diesen zur Hälfte. Die 2, 4 oder 6 Fadenenden fädeln Sie in Ihre Nadel ein und erhalten am Fadenende eine

Schlaufe. Mit diesem Faden stechen Sie nun von oben nach unten in Ihren Stoff, an einer Stelle, die gleich überstickt wird. Das Schlaufenende bleibt oben sichtbar, Sie fassen mit der Nadel ein oder zwei Gewebefäden, stechen wieder auf die rechte Seite und fassen durch die Schlaufe. Schon ist das Fadenende vernäht.

Stoff: in Leinen- oder Aidabindung.

Die Stoffe

Leinenbindige Stoffe aus Baumwolle und Leinen gibt es in den verschiedensten Stärken und Farben. Es wurde hier meist Leinen (10,5 Gewebefäden, ca. 1 cm) verwendet. Es gibt aber viele andere Stärken wie z. B. 7, 8, 12 und 16 Gewebefäden je Zentimeter. Je mehr Fäden auf 1 cm der Stoff hat, je feiner wird Ihre Stickerei. Das sollte man beachten, wenn man kleine Monogramme in Tischkärtchen oder auf Döschen sticken möchte.
Ein Beispiel: Bei 8 Gewebefäden je 1 cm erhalten Sie vier Kreuzstiche auf 1 cm, bei 12 Gewebe-

fäden sechs Kreuzstiche auf 1 cm.
Die Größe Ihrer Stickerei können Sie wie folgt berechnen:
• der Kreuzstich greift über 2 x 2 Gewebefäden,
• der Stoff hat 10,5 Gewebefäden je 1 cm,
• Stickereigröße 135 x 115 Kreuzstiche mal 2 ergibt 270 x 230 Gewebefäden, dividiert durch 10,5 = 25,7 x 21,9 cm.

In diesem Buch wird ausschließlich Perlaida verwendet. Es gibt aber auch bei den Aidastoffen verschiedene Stärken, ein Umstand, der Ihnen teilweise vielleicht noch aus der Schule in Erinnerung ist. Solche Stoffe erschienen mir für diese Arbeiten jedoch zu grob.
Der Perlaida hat auf 1 cm ca. 7 Fadenkaros, das heißt, Sie sticken für 1 cm 7 Kreuzstiche.
Als dekorative Stoffe wurden zum Ausfertigen einzelner Modelle Patchworkstoffe, wie sie im Handel erhältlich sind, verwendet.

Etwas Technik muß sein

Die beiden Grundregeln

Beim Kreuzstich gibt es zwei wichtige Regeln:

1. Alle Deckstiche müssen in der gleichen Richtung verlaufen. Wenn die Arbeit vor Ihnen liegt, von rechts unten nach links oben.
2. Zwischen den Kreuzstichen darf kein Faden Zwischenraum sein. An einer Stelle, an der sich 4 Kreuzstiche treffen, wird viermal in die gleiche Stelle eingestochen.

So wird gestickt

Ein Kreuzstich besteht aus einem Unter- und einem Deck- oder Oberstich. Er sollte so exakt in den Stoff gezählt sein, daß bei einer Verbindung der 4 Einstichstellen ein kleines Quadrat entsteht.

Der Kreuzstich wird in waagerechten Reihen mit senkrechten Verbindungsstichen auf der Rückseite ausgeführt. (Es gibt auch regional unterschiedliche Techniken, die ich hier aber nicht ansprechen möchte.) Beim Übergang von einer Reihe zur nächsten entsteht ein senkrechter oder schräger Stich.

1. Führen Sie die Stickerei von oben nach unten aus, ist der Anfang links oben. Die Unterstiche verlaufen in der Hinreihe alle von links unten nach rechts oben, in der Rückreihe die Deckstiche von rechts unten nach links oben.

2. Wird die Stickerei von unten nach oben ausgeführt, ist der Angang rechts unten. In der Hinreihe verlaufen alle Unterstiche von rechts oben nach links unten, die Deckstiche in der Rückreihe von links oben nach rechts unten. Wenn Sie dies beachten, erhalten Sie am Reihenende immer einen sauberen senkrechten oder schrägen Übergang von einer zur nächsten Reihe.

3. Einzeln stehende, gegeneinander versetzte oder untereinander stehende Kreuze werden immer gleich fertig gestickt. Beim Übergang bilden sich auf der Rückseite kurze senkrechte und lange schräge Stiche.

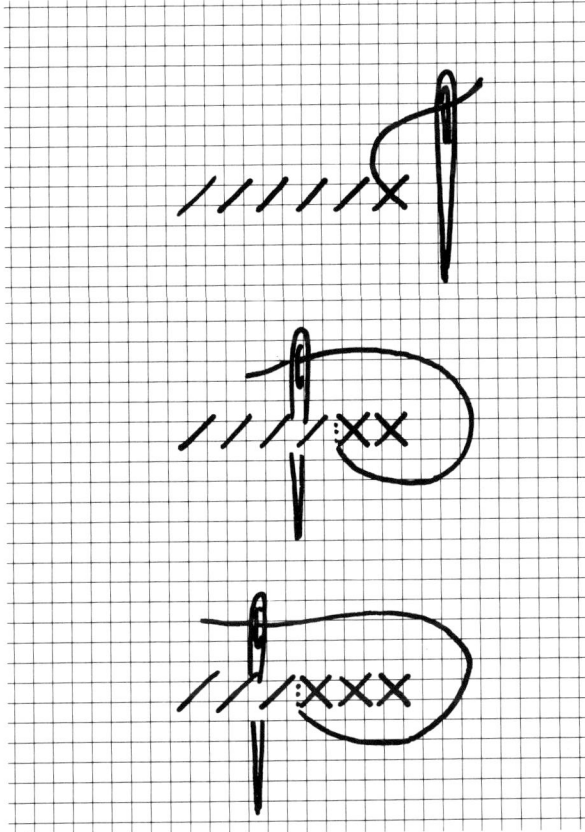

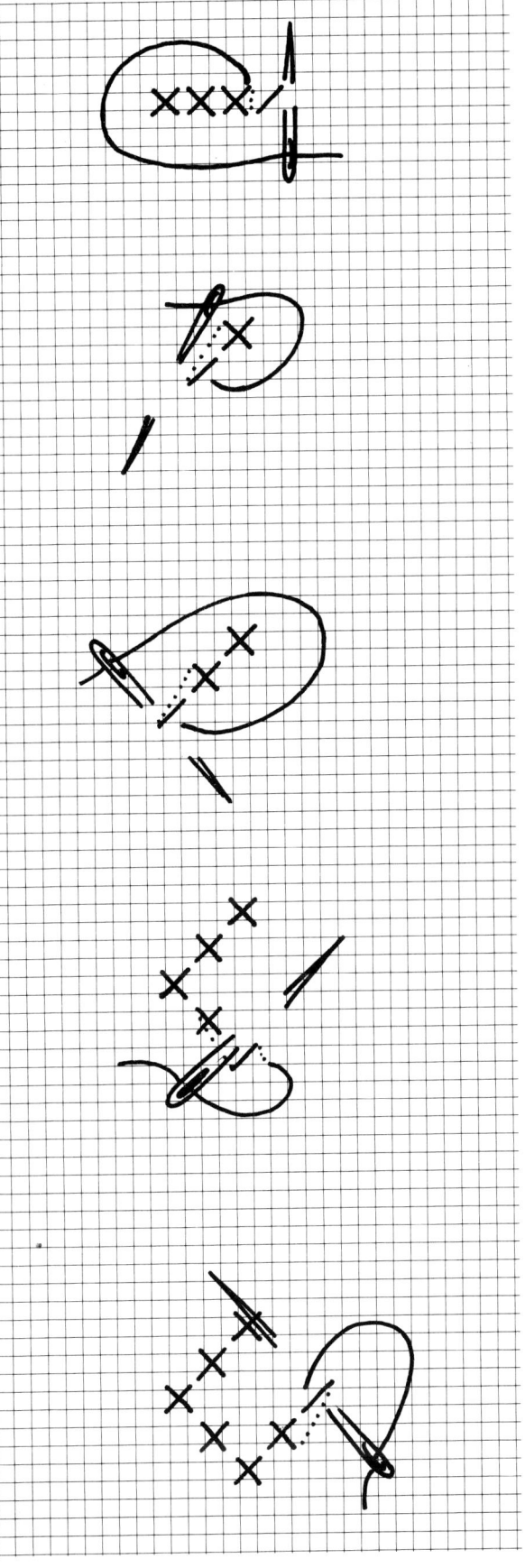

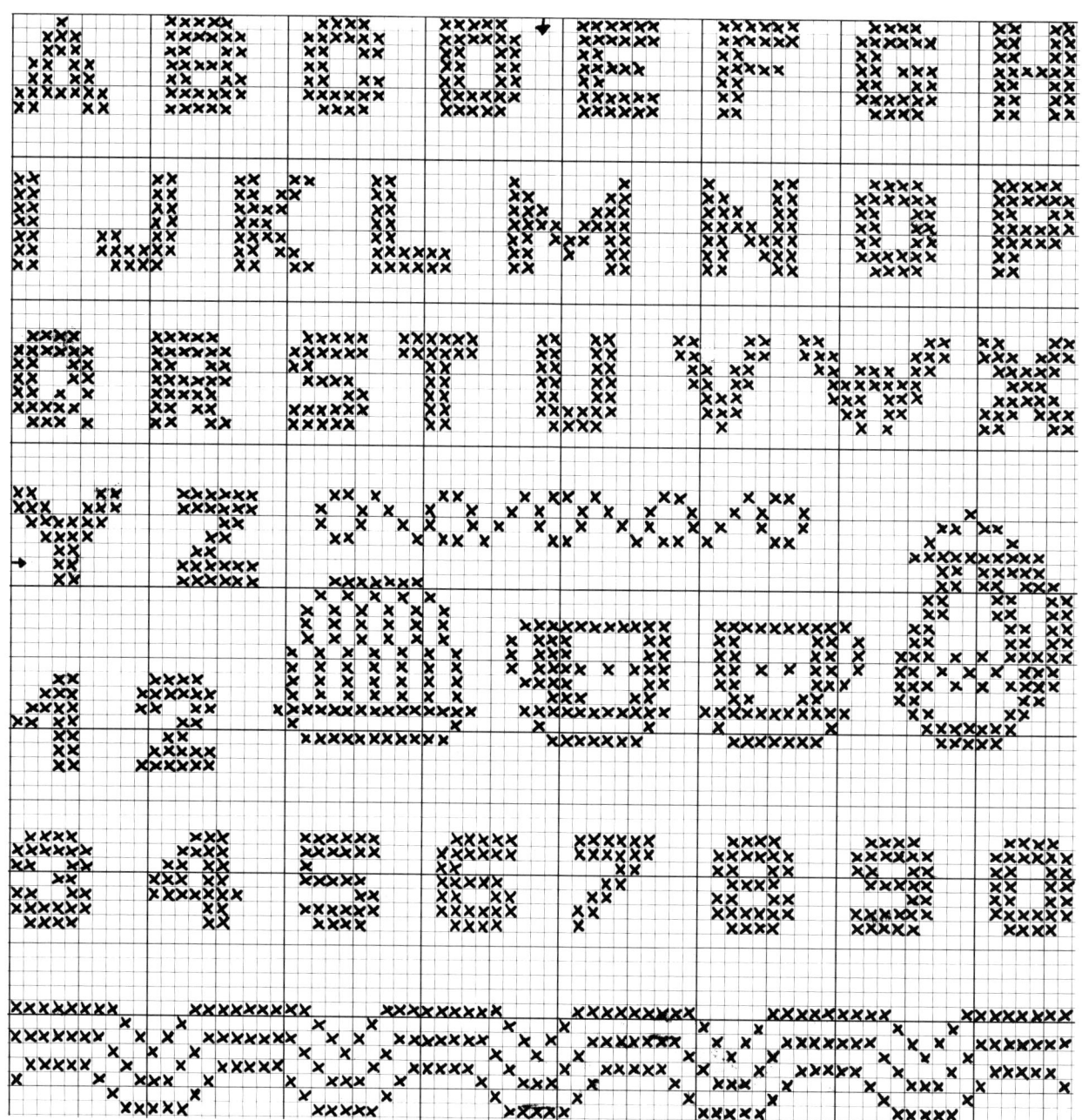

Modernes
Alphabet in
Hellblau

Größen und Materialien

- Buchstabengröße 7 Kreuzstiche (ca. 1 cm)
- Stickereigröße 77 x 77 Kreuze (ca. 11 x 11 cm)
- Bilderrahmen: 15 x 15 cm in Hellblau
- Stoff: 25 x 25 cm weißes Perlaida, 7 Fadenkaros ca. 1 cm
- Garn: Hellblauer Sticktwist

Anleitung

Von der Stoffmitte aus nach dem Zählmuster von Seite 10 mit der Stickerei beginnen. Jeden Kreuzstich über 1 Fadenkaro mit 2fädigem Sticktwist ausführen. Stickerei von links bügeln, evtl. mit Vlieseline oder dünnem Schaumstoff unterlegen und rahmen.

Hausschlüssel-Anhänger

Größen und Materialien
– Stickfläche = 3,2 cm rund
– kleiner Stoffrest von gebleichtem Leinen,
   10,5 Gewebefäden ca. 1 cm
– Garnrest von einfädigem Baumwollgarn

Anleitung
Der gewünschte Buchstabe wird auf gebleichtes Leinen über 2 x 2 Gewebefäden nach dem Zählmuster von Seite 10 gestickt. Bei schmaleren Buchstaben läßt sich leicht noch ein kleines Häuschen wie dieses anfügen.
Die Stickerei wird auf Vlieseline aufgebügelt, knappkantig in Größe der kleineren Hälfte des Schlüsselanhängers zugeschnitten. Als Rückwand

kann man eine weitere Stickerei oder ein buntes Stückchen Stoff verwenden. Die Stickerei wird eingelegt und beide Anhängerteile fest zusammengepreßt.

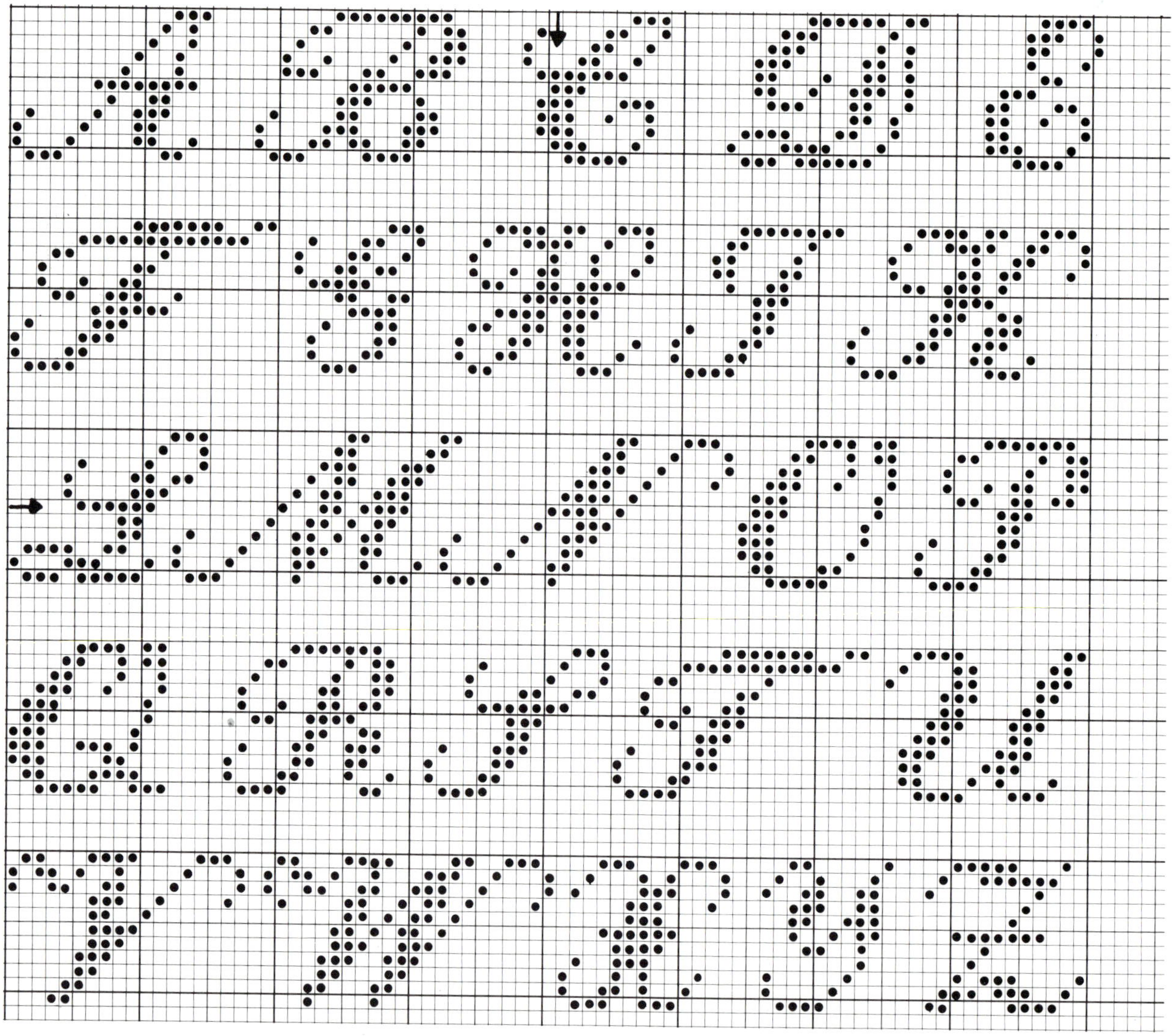

Englische Schreibschrift in Dunkelblau

Größen und Materialien
– Buchstabengröße 11 Kreuzstiche (ca. 1,6 cm)

– Stickereigröße 81 x 71 Kreuze (ca. 11,6 x 10,1 cm)
– Bilderrahmen: 15 x 15 cm in Dunkelblau
– Stoff: 25 x 25 cm weißes Perlaida, 7 Fadenkaros ca. 1 cm
– Garn: Einfädiges Baumwollgarn in Dunkelblau

Anleitung
Von der Stoffmitte aus wird nach dem Zählmuster von Seite 12 mit einfädigem Baumwollgarn auf Perlaida gestickt. Jeder Kreuzstich greift über 1 Fadenkaro. Die fertige Stickerei von links bügeln und rahmen.

Porzellandöschen

Größen und Materialien
– Porzellandöschen, oval, dunkelrot (4,3 x 5,5 cm)
– Stickfläche 3,2 x 4,2 cm
– kleiner Stoffrest von gebleichtem Leinen,
  10,5 Gewebefäden ca. 1 cm
– einfädiges Baumwollgarn in beliebiger Farbe

Anleitung
Den gewünschten Buchstaben mit einfädigem
Baumwollgarn auf gebleichtes Leinen sticken.
Jeder Kreuzstich greift über 2 x 2 Gewebefäden.
Wer will, ergänzt noch ein kleines Herzchen.
Die Stickerei wird auf Vlieseline aufgebügelt und
entsprechend der Deckelgröße knappkantig
ringsum abgeschnitten. Auf die Stickerei kommt
zum Schutz die kleine Acetatplatte, unter die
Stickerei das Stückchen Schaumstoff. Die Metall-
rückwand kräftig in den Deckel drücken (mit der
gebogenen Seite zur Stickerei). Wenn der Metall-
deckel ganz fest sitzt, die Filzplatte von innen
dagegenkleben.

Ausgefallenes Alphabet in Erika

Größen und Materialien
– große Buchstaben 9 Kreuzstiche (ca. 1,3 cm)
– kleine Buchstaben 4 bzw. mit Ober- oder
  Unterlänge 6 Kreuzstiche (ca. 0,85 cm)
– Stickereigröße 78 x 79 Kreuze (ca. 11,1 x 11,3 cm)
– Bilderrahmen: 15 x 15 cm in Erika
– Stoff: 25 x 25 cm weißes Perlaida, 7 Faden-
  karos ca. 1 cm
– Garn: einfädiges Baumwollgarn in Erika

Anleitung
Mit der Stickerei in der Stoffmitte nach dem
Zählmuster von Seite 16 mit einfädigem Baum-
wollgarn beginnen.

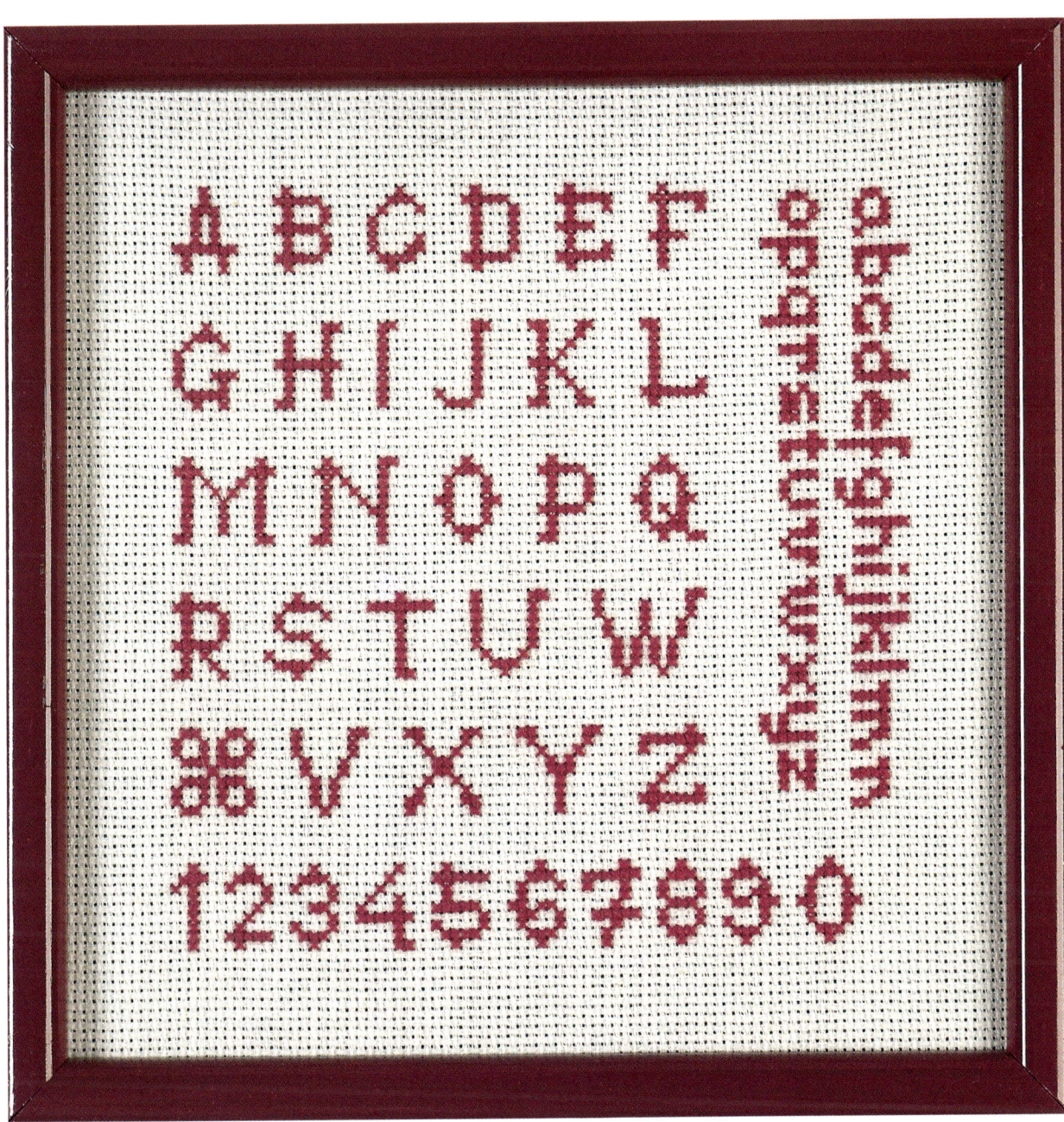

Auf dem Perlaida greift jeder Kreuzstich über 1 Fadenkaro. Die Stickerei von links bügeln, mit Vlieseline oder Schaumstoff unterlegen und rahmen.

Schlüsselanhänger

Größen und Materialien
– Schlüsselanhänger (4 cm rund)
– Stickfläche 3,2 cm rund

– Stoffrest von gebleichtem Leinen (10,5 Gewebefäden = 1 cm)
– Garnrest von Sticktwist in beliebiger Farbe

Anleitung
Der ausgewählte Buchstabe wird mit 2fädigem Sticktwist nach dem Zählmuster von Seite 16 gestickt. Der Kreuzstich greift über 2 x 2 Gewebefäden.
Der Buchstabe kann durch ein Kleeblatt ergänzt werden. Die Stickerei auf Vlieseline aufbügeln, knappkantig ringsum in Größe der kleineren

Hälfte des Schlüsselanhängers abschneiden.
Eine weitere Stickerei oder ein buntes Stoffstück-
chen als Rückwand verwenden, in den Anhänger
legen und beide Teile fest zusammenpressen.

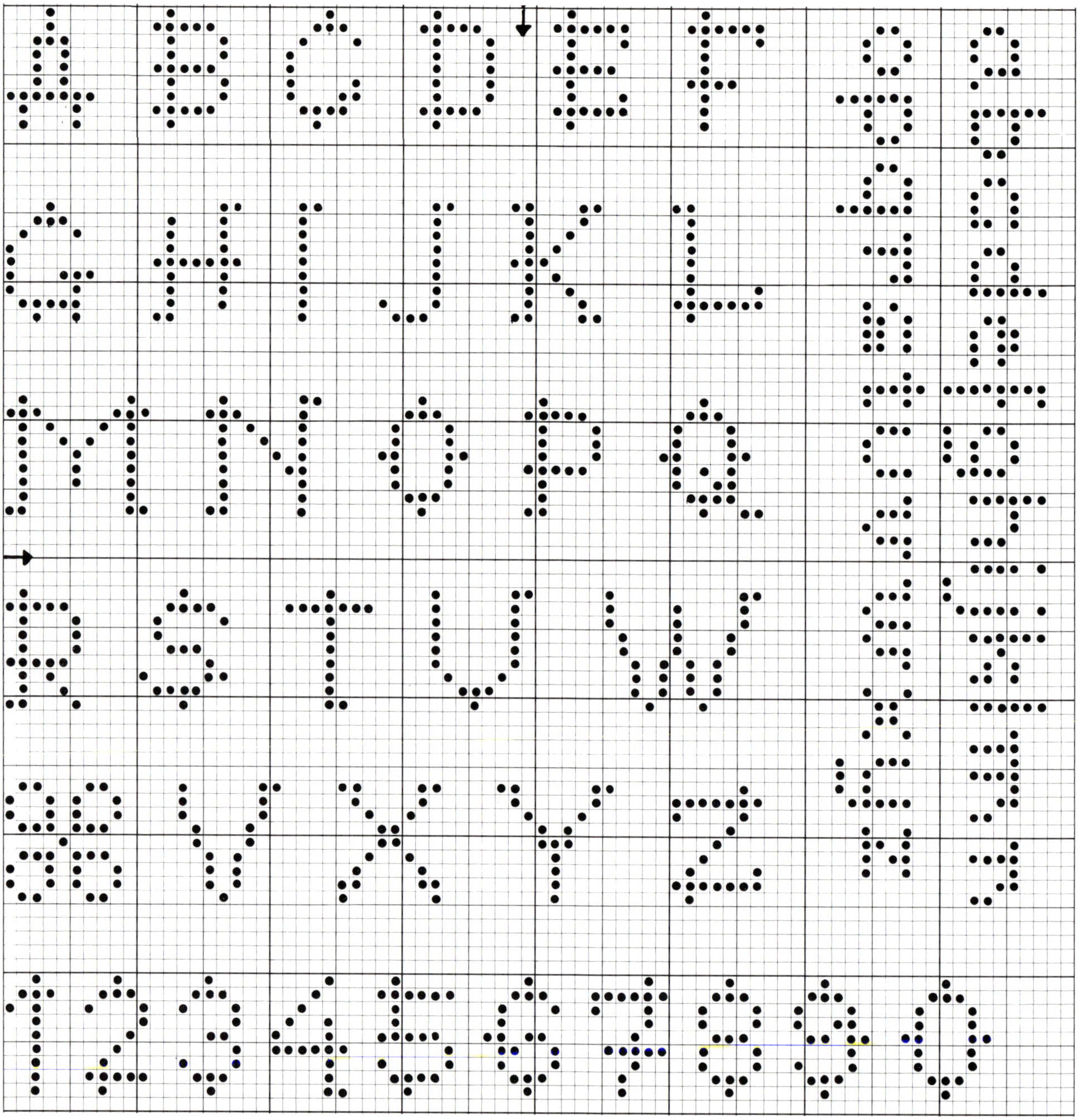

Regalband „Ton-in-Ton"

Größen und Materialien
- Buchstabengröße 9 Kreuzstiche (ca. 2,45 cm)
- Stickereigröße 235 x 9 Kreuze (ca. 64 x 2,5 cm)
- Bandgröße 80 x 7,5 cm
- Stoff: 90 cm ungebleichtes Leinenband, 11 Gewebefäden ca. 1 cm, 7,5 cm breit mit eingewebter roter Kante
- Garn: Perlgarn 5 in zwei Rottönen

Ein Alphabet muß nicht immer rechteckig angeordnet werden. Verwenden Sie es doch einmal auf einem Band zur Verzierung eines Regalbretts.

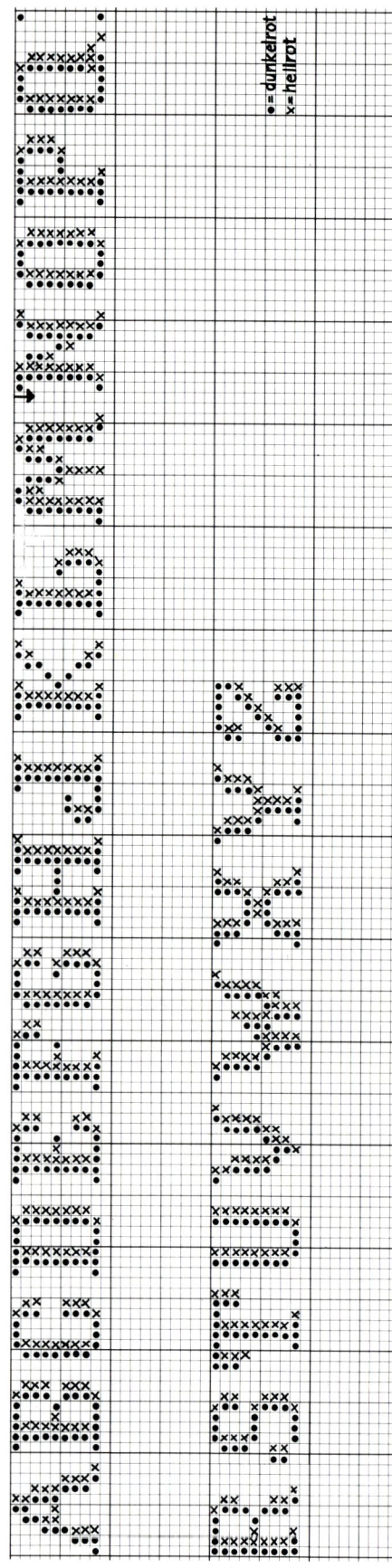

= dunkelrot
x = hellrot

Anleitung

Beginnen Sie 12 cm von der Schnittkante mit dem Sticken des Alphabets nach dem Zählmuster links. Jedes Kreuz wird über 3 x 3 Gewebefäden gestickt. Das Band entsprechend dem Regalbrett an beiden Schmalseiten säumen und befestigen. Diese Bänder gibt es vom Meter in gebleichtem und ungebleichtem Leinen mit verschiedenfarbigen, eingewebten Kanten in jedem Handarbeitsgeschäft oder gut sortierten Kurzwarenabteilungen zu kaufen.

Ordner für Rezepte

Hier können Sie alle gesammelten Rezepte einordnen. Dann sind sie stets griffbereit und leicht zu finden.

Größen und Materialien
– Stickereigröße 84 x 18 Kreuze (15,3 x 3,3 cm)
– ein Ordner zum Beziehen
– Stoff: 25 cm Leinenband (11 Gewebefäden ca. 1 cm), 4 cm breit, Patchworkstoff zum Beziehen (wer will, unterlegt noch eine aufbügelbare Quilteinlage)
– Garn: einfädiges Baumwollgarn in zwei Pinktönen

Anleitung

Motiv in Bandmitte anordnen und den Schriftzug „Rezepte" und die kleine Ranke nach dem Zählmuster unten sticken. Jeder Kreuzstich greift über 2 x 2 Gewebefäden.

Der Hefter wird mit einem bunten Patchworkstoff bezogen. Wenn Sie es besonders hübsch machen wollen, unterlegen Sie den Stoff mit einer aufbügelbaren Quilteinlage. Den Stoff zuschneiden, Quilteinlage aufbügeln, linke Seite nach außen über den Ordner ziehen, Ecken abstecken, Stoff vom Ordner nehmen und Ecken mit der Maschine steppen. Band in der oberen Hälfte des Deckels waagerecht aufsteppen, Ecken ausschneiden, Schnittkanten einschlagen, säumen und über den Ordner ziehen. All dies kann natürlich auch von Hand gearbeitet werden – ohne Nähmaschine.

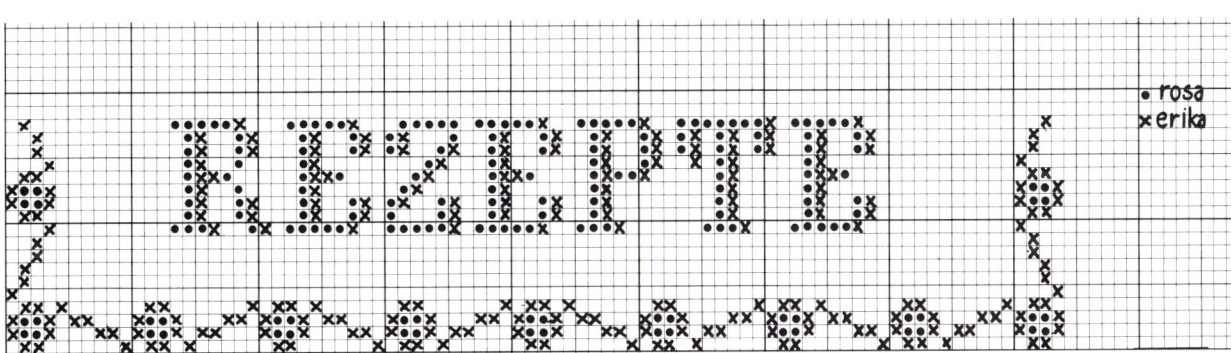

Stoffbruch

• = lila   ∖ = türkis   x = gelb
⌐ = hellblau   ‖ = lind   o = grün
· = pink   z = hellgelb

Bestickter Einkaufsbeutel

Bunt und strapazierfähig ist der selbstgenähte rote Rupfenbeutel, und darüber hinaus gleich interessant von Vorder- und Rückseite.

Die beiden mehrfarbigen Randborten verlaufen durchgehend über beide Seiten.

Zuerst wird gestickt, anschließend genäht. Der Rupfen liegt 120 cm breit. Danach richtet sich in etwa die Größe des Beutels.

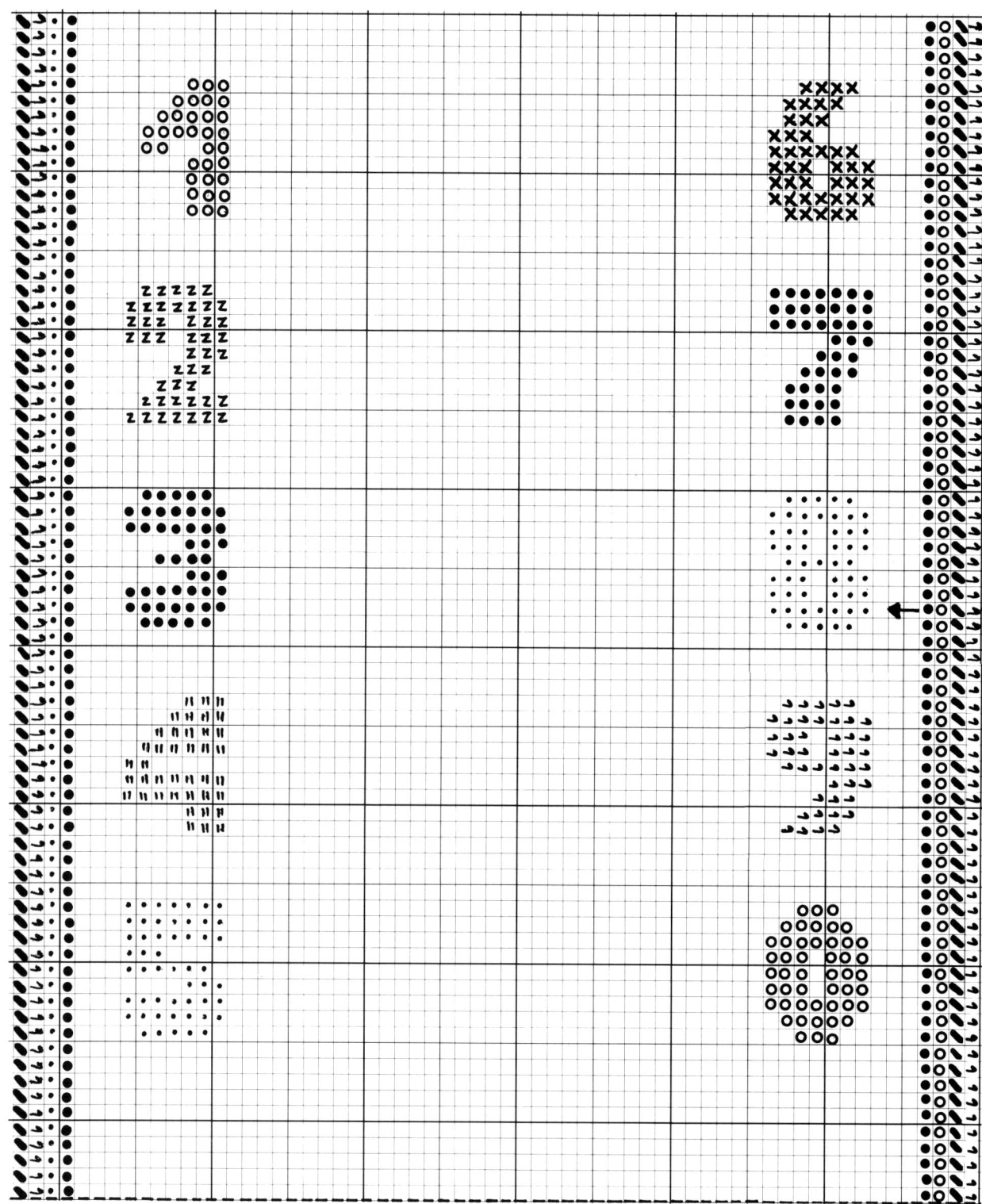

Farben siehe Seite 20

Größen und Materialien
- Beutelgröße ohne Träger 37 x 35 cm
- Buchstabengröße 9 Kreuzstiche (ca. 2,6 cm)
- Stickereigröße für eine Taschenhälfte 63 x 75 Stiche (18 x 21,4 cm)
- Stoff: 40 cm rotes Rupfen, Gewebefäden ca. 1 cm, 120 cm breit
- Garn: Sticktwist in den Farben Lila, Hellblau, Pink, Türkis, Lind, Hellgelb, Gelb

Anleitung
Den Stoff zur Hälfte legen. In der Mitte der Vorderseite, 20 Gewebefäden vom Stoffbruch in der Mitte des Zählmusters von Seite 22 beginnen. Der 6fädige Sticktwist wird über 2 x 2 Gewebefäden ausgeführt.

Den fertiggestickten Beutel zur Hälfte legen, Stickerei rechts auf rechts. Ca. 5 cm von der Stickereiborte die Seitennähte fadengerade absteppen. Für beide Träger am oberen Rand zwei ca. 6 cm breite Streifen abschneiden, dreifach legen und mehrmals absteppen. Den oberen Rand des Beutels nach innen schlagen, annähen und die Träger mehrfach hin- und hergehend feststeppen.

Pillendöschen

Größen und Materialien

– rundes Pillendöschen, ca 4,5 cm rund, aus
  Porzellan (Stickfläche ca. 3,2 cm rund)
– kleiner Stoffrest vom Leinenband,
  11 Gewebefäden ca. 1 cm
– Garnrest von einfädigem Baumwollgarn in Rot,
  Lila, Türkis und Blau

Anleitung

Der Buchstabe wird nicht ausgestickt, sondern in
einer Farbfläche aus Rot, Lila, Türkis und Blau aus-
gespart, siehe Zählmuster rechts.
Die Stickerei von links dämpfen, auf Vlieseline
bügeln und knappkantig entsprechend der Dek-
kelgröße abschneiden. In den Deckel die durch-
sichtige Acetatplatte, die Stickerei und den
Schaumstoff legen. Die Metallplatte mit der Wölbung zur Stickerei fest in die Deckelform pres-
sen. Wenn diese ganz fest sitzt, die kleine Filzplatte einkleben.

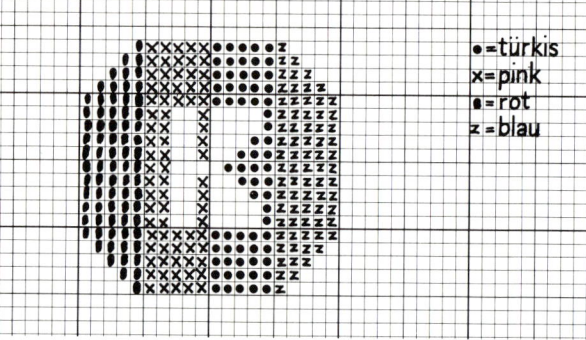

•=türkis
x=pink
▪=rot
z=blau

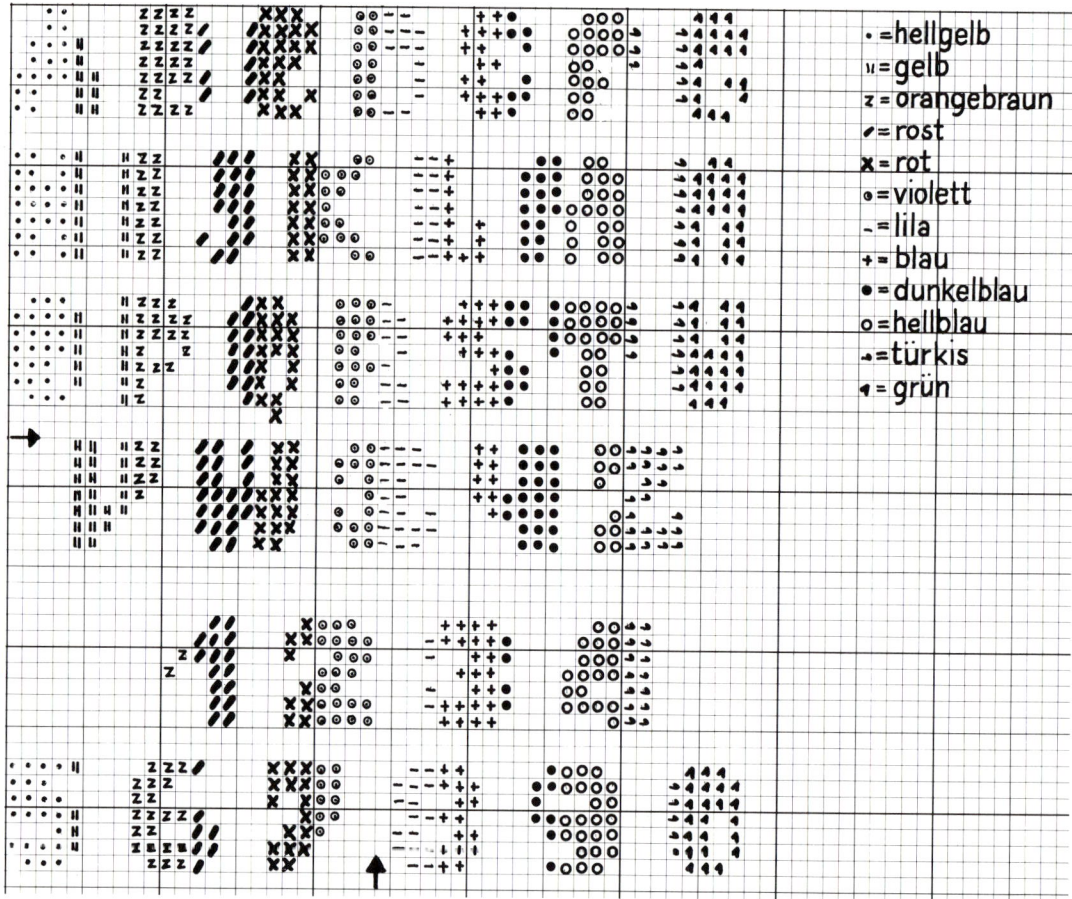

• =hellgelb
ıı =gelb
z = orangebraun
✔ = rost
x = rot
◉ = violett
- = lila
+ = blau
● = dunkelblau
○ = hellblau
↵ = türkis
◀ = grün

Regenbogenfarben-ABC

Bei diesem modernen, kleinen Alphabet bietet sich die Gestaltung mit kräftigen, lustigen Farben beinahe von selbst an.

Größen und Materialien
– Buchstabengröße 7 Kreuzstiche (ca. 1,3 cm)
– Stickereigröße 48 x 54 Kreuze (ca. 9,1 x 10,3 cm)
– Bilderrahmen 15 x 15 cm in Pink
– Stoff: 25 x 25 cm ungebleichtes Leinen, 10,5 Gewebefäden ca. 1 cm

– Garn: einfädiges Baumwollgarn in den Farben Hellgelb, Gelb, Orange, Rost, Rot, Violett, Lila, Blau, Dunkelblau, Hellblau, Türkis, Grün

Anleitung
In der Stoffmitte mit der Stickerei in der Mitte des Zählmusters von Seite 24 beginnen. Jeder Kreuzstich greift über 2 x 2 Gewebefäden. Die fertige Stickerei von links dämpfen, eventuell Vlieseline gegenbügeln und rahmen.

Rosenalphabet

Initialen mit einem zarten Rosenmotiv eignen sich besonders gut zum Aussticken von kleinen Geschenken wie Pillendöschen, Briefbeschwerern, Schlüsselanhängern oder Glückwunschkarten.

Größen und Materialien
- Buchstabengröße 13 Kreuzstiche (ca. 1,85 cm)
- Stickereigröße bei A 70 x 78 Kreuze
  (ca. 10 x 11,1 cm), bei B 69 x 76 Kreuze
  (ca. 9,9 x 10,9 cm)
- zwei Bilderrahmen 15 x 15 cm in Rosé
- Stoff: 25 x 50 cm weißes Perlaida, 7 Fadenkaros
  ca. 1 cm
- Garn: Sticktwist in den Farben Rosa, Hellgrün,
  Petrol

Anleitung
Den Stoff in zwei gleichgroße Stücke schneiden und von der Stoffmitte aus nach dem Zählmuster A von Seite 28 bzw. Zählmuster B von Seite 29 mit der Stickerei beginnen. Der 2fädige Sticktwist greift über 1 Fadenkaro. Die fertigen Stickereien von links bügeln, mit Vlieseline unterlegen und rahmen.

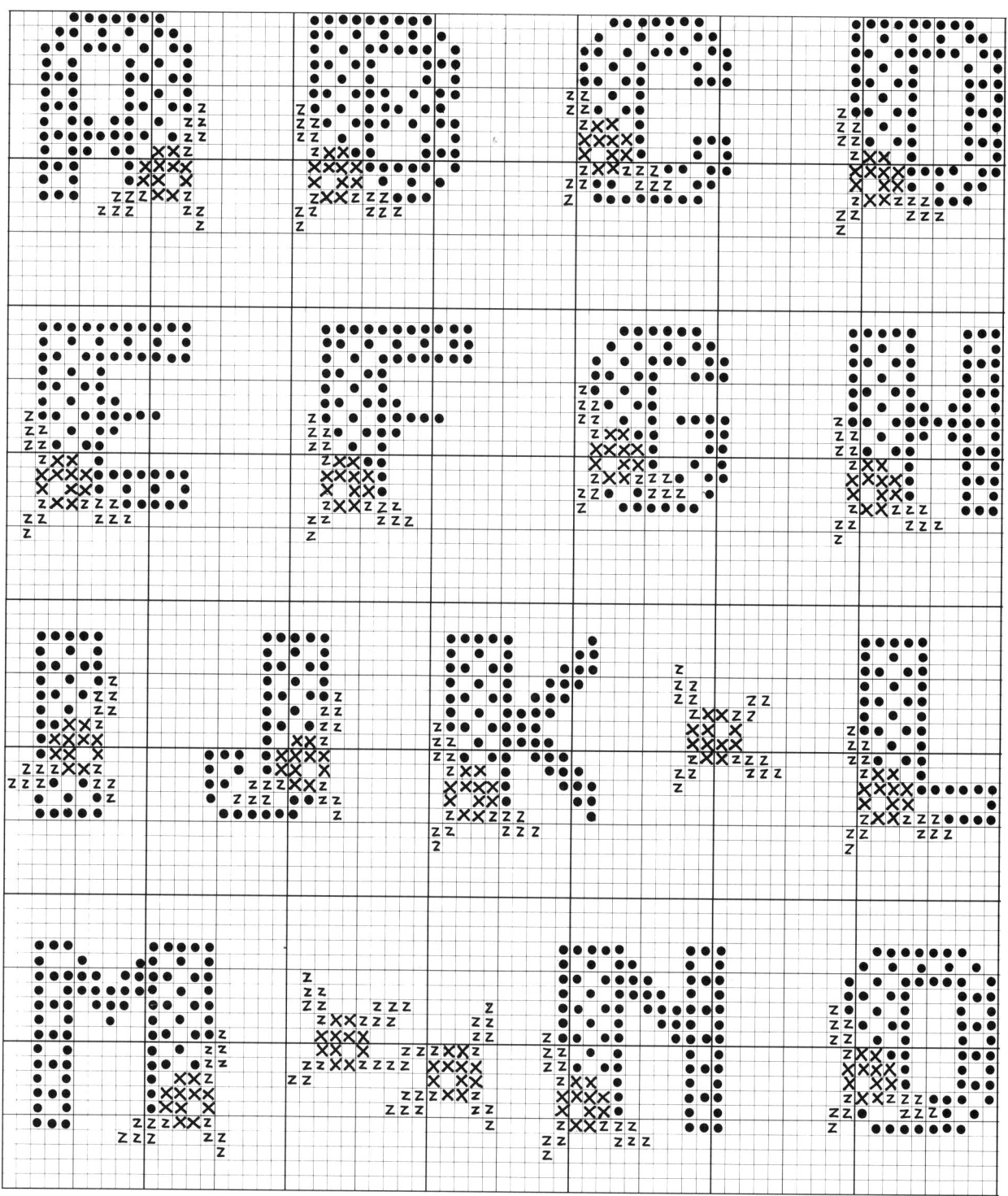

x = rosa
z = hellgrün
• = petrol

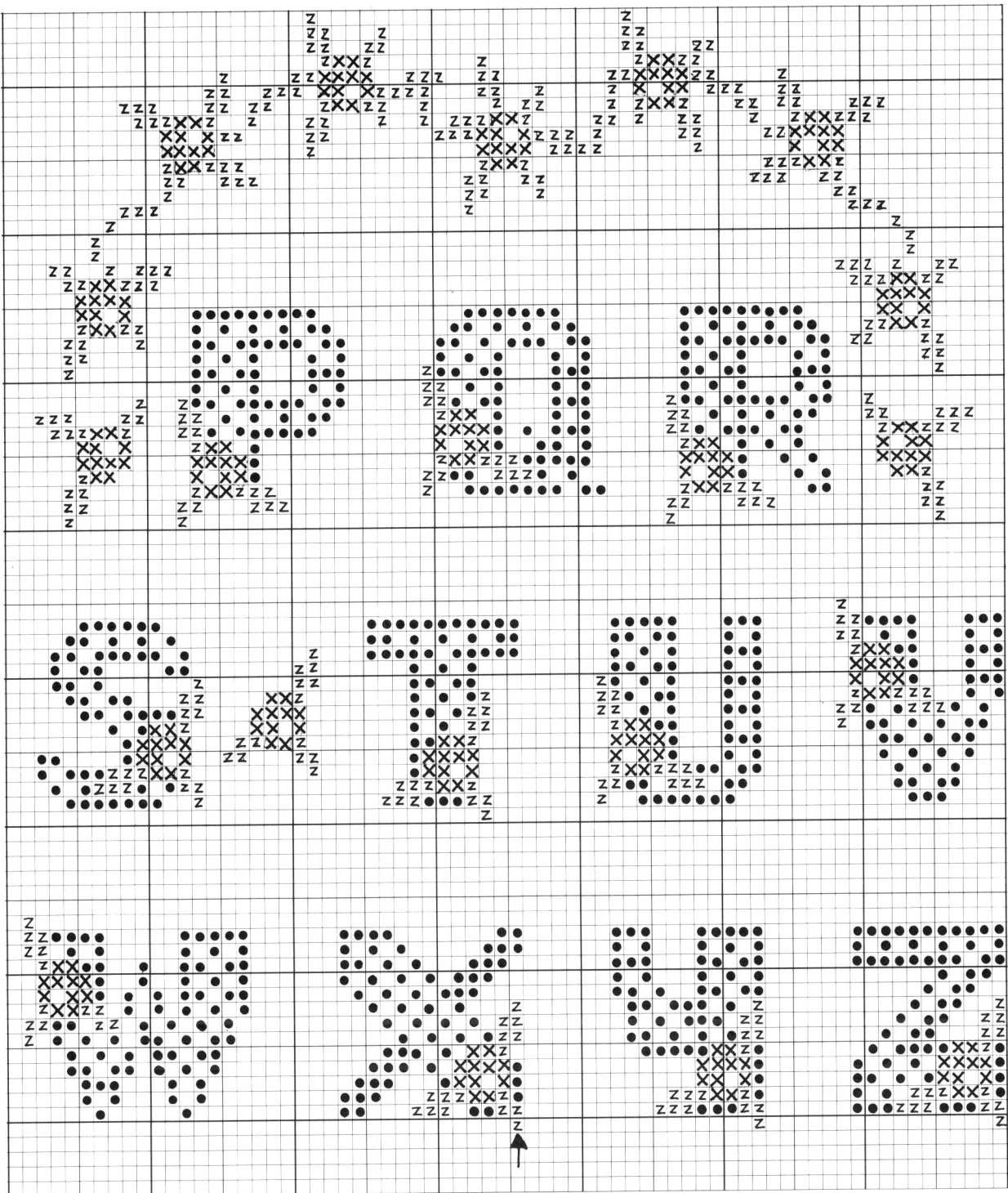

Farben wie links

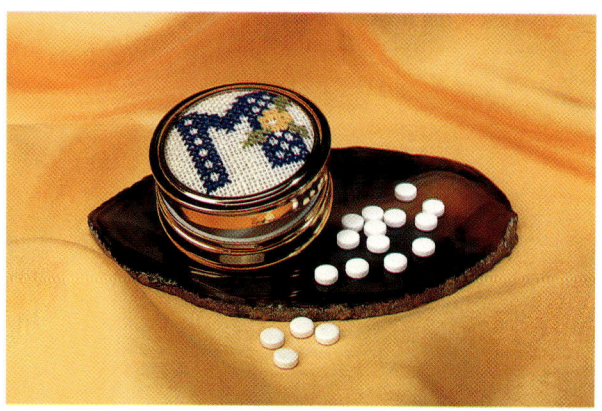

Pillendose

Ein Döschen für Süßstoff oder Pillen, mit dem entsprechenden Monogramm geschmückt, ist ein hübsches, kleines Mitbringsel oder unverbindliches Geschenk.

Größen und Materialien
- goldfarbenes Pillendöschen (4 cm rund)
- Stickfläche 3,2 cm rund
- kleiner Stoffrest von gebleichtem Leinen, 10,5 Gewebefäden ca. 1 cm
- Garnrest von einfädigem Baumwollgarn in Gelb, Hellgrün, Blau

Anleitung
Den ausgewählten Buchstaben in Kreuzstichen über 2 x 2 Gewebefäden sticken. Die Stickerei auf Vlieseline bügeln, knappkantig in Größe der Stickfläche ausschneiden. In den Dosendeckel die Acetatscheibe, die Stickerei, den Schaumstoff und die kleine Metallplatte einlegen. Die Platte mit der Wölbung zur Stickerei fest in den Deckel eindrücken. Erst danach die Filzplatte gegenkleben.

Kleine Dose mit Füßchen

Ein ganz persönliches Geschenk für eine liebe Oma. Hierin können viele Kleinigkeiten aufbewahrt werden.

Größen und Materialien
- Dose mit Füßchen, versilbert (ca. 8 cm rund)

- Stickfläche ca. 6,8 cm rund
- Stickereigröße 35 x 41 Kreuze (ca. 5 x 6 cm)
- Stoff: ca. 10 x 10 cm Perlaida, 7 Fadenkaros ca. 1 cm
- Garn: Sticktwistreste in den Farben Hellblau, Hellgrün, Rosa

Anleitung
Das Motiv von der Stoffmitte aus nach dem unten abgebildeten Zählmuster in der Mitte beginnen. Der Kreuzstich aus 2fädigem Sticktwist greift über ein Fadenkaro.
Die Stickerei von links dämpfen, auf Vlieseline bügeln. In den Dosendeckel zuerst die Acetatplatte, dann die Stickerei, den Schaumstoff und die Metallplatte mit der Wölbung zur Stickerei einlegen. Die Platte fest in den Metallrahmen des Deckels drücken. Danach die Filzplatte gegenkleben.

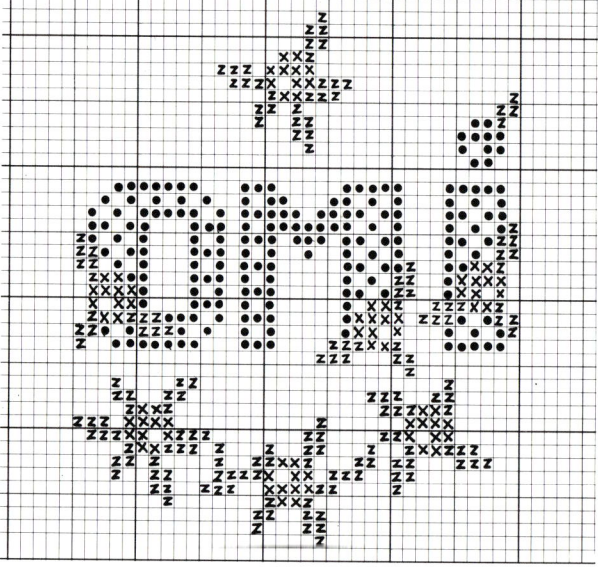

z=lindgrün x=hellblau ·rosa

Frühlingsboten

Größen und Materialien
- Buchstabengröße 11 Kreuzstiche (ca. 2,1 cm)
- Stickereigröße 135 x 112 Kreuze
  (ca. 25,7 x 21,5 cm)
- Kissengröße 37 x 37 cm
- Stoff: 45 cm gebleichtes Leinen, 140 cm breit,
  10,5 Gewebefäden ca. 1 cm
- Garn: Sticktwist in den Farben Oliv, Pink (dunkel), Lila, Gelb, Pink (hell), Hellblau, Blaßgrün, Grasgrün, Flieder, Weiß, Orange, Gelbgrün, Schwarz, Rot, Dunkellila, Gelbgrün

Anleitung
Den Stoff zur Hälfte falten und in der Mitte der einen Hälfte beginnen. Nach dem Zählmuster auf Seite 32/33 den Kreuzstich mit 4fädigem Sticktwist über 2 x 2 Gewebefäden sticken. Das Kissen entweder mit einem Reißverschluß auf der rückwärtigen Seite, am unteren Rand oder aber als Kuvert nähen.
Wie Sie feststellen werden, hat unsere Stickerin die Zahlen in einer anderen Farbfolge als die Buchstaben ausgeführt. Sie sehen, beides ist ausgesprochen hübsch. Wählen auch Sie die Farbanordnung, die Ihnen am besten gefällt.

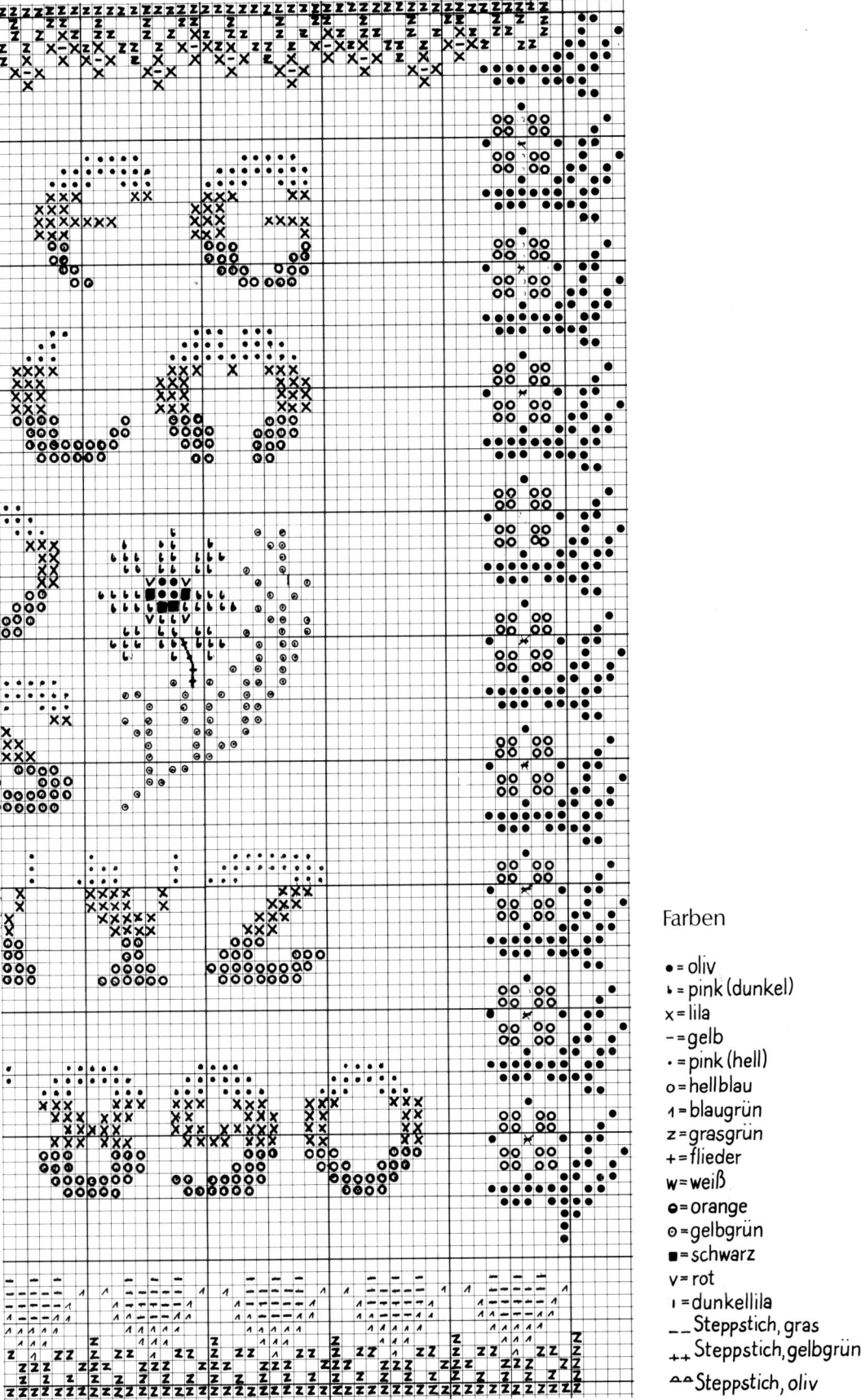

Farben

• = oliv
ʟ = pink (dunkel)
x = lila
‒ = gelb
· = pink (hell)
o = hellblau
ı = blaugrün
z = grasgrün
+ = flieder
w = weiß
ꞵ = orange
⊙ = gelbgrün
■ = schwarz
v = rot
ı = dunkellila
‗ Steppstich, gras
₊₊ Steppstich, gelbgrün
ᴧᴧ Steppstich, oliv

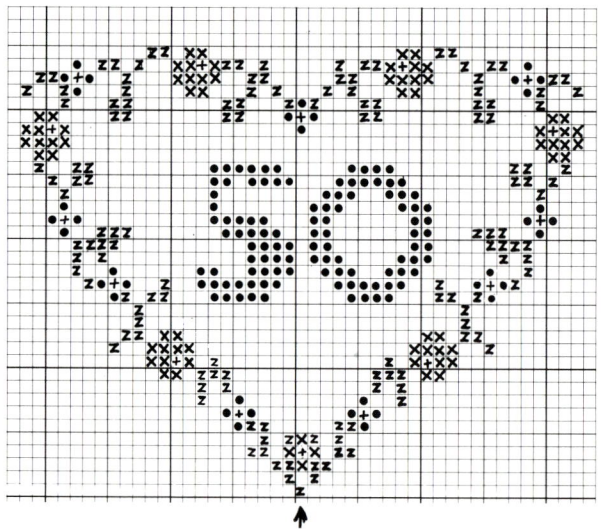

Glückwunschkarte

Größen und Materialien
- dreifache Faltkarte, 10,5 x 15,5 cm mit herz-
  förmigem Ausschnitt
- Stickereigröße 45 x 35 Kreuze (ca. 6,4 x 5 cm)
- Stoff: 10 x 14 cm weißer Perlaida (7 Fadenkaros
  ca. 1 cm)
- Garn: Sticktwist in den Farben Rosa, Hellblau,
  Maigrün, Gelb

Anleitung
In der Stoffmitte, ca. 4,5 cm vom unteren Rand,
an der Herzspitze (s. Pfeil) nach dem Zählmuster
oben rechts mit 2fädigem Sticktwist beginnen.
Der Kreuzstich greift über jeweils ein Fadenkaro.
Die Stickerei auf Vlieseline bügeln und unter das
Passepartout kleben.

Farben

- • = hellblau
- + = gelb
- z = maigrün
- x = rosa

Klassische Schrift in modernem Rahmen

Größen und Materialien
- Buchstabengröße 7 Kreuzstiche (ca. 1,9 cm)
- Stickereigröße 55 x 80 Kreuze (ca. 15 x 21,8 cm)
- Bilderrahmen 30 x 40 cm, Passepartoutaus-
  schnitt 19 x 27 cm
- Stoff: 40 cm Läuferware, 30 cm breit,
  11 Gewebefäden ca. 1 cm; 40 x 50 cm
  Patchworkstoff zum Beziehen des Passepartouts
- Garn: Sticktwist in Pink

Anleitung
Das Muster von der Stoffmitte aus anordnen und
nach dem Zählmuster von Seite 36 sticken. Sticktwist 4fädig verwenden. Der Kreuzstich greift
über 3 x 3 Gewebefäden. Stickerei von links mit
Vlieseline unterbügeln. Das Passepartout mit
dem Patchworkstoff bespannen, aber nur auf der
Rückseite festkleben, da manche Klebstoffe leicht
durchschlagen. Stoff bis in die Ecken gehend ein-
schneiden. Die Stickerei mit oder ohne Glas rahmen.

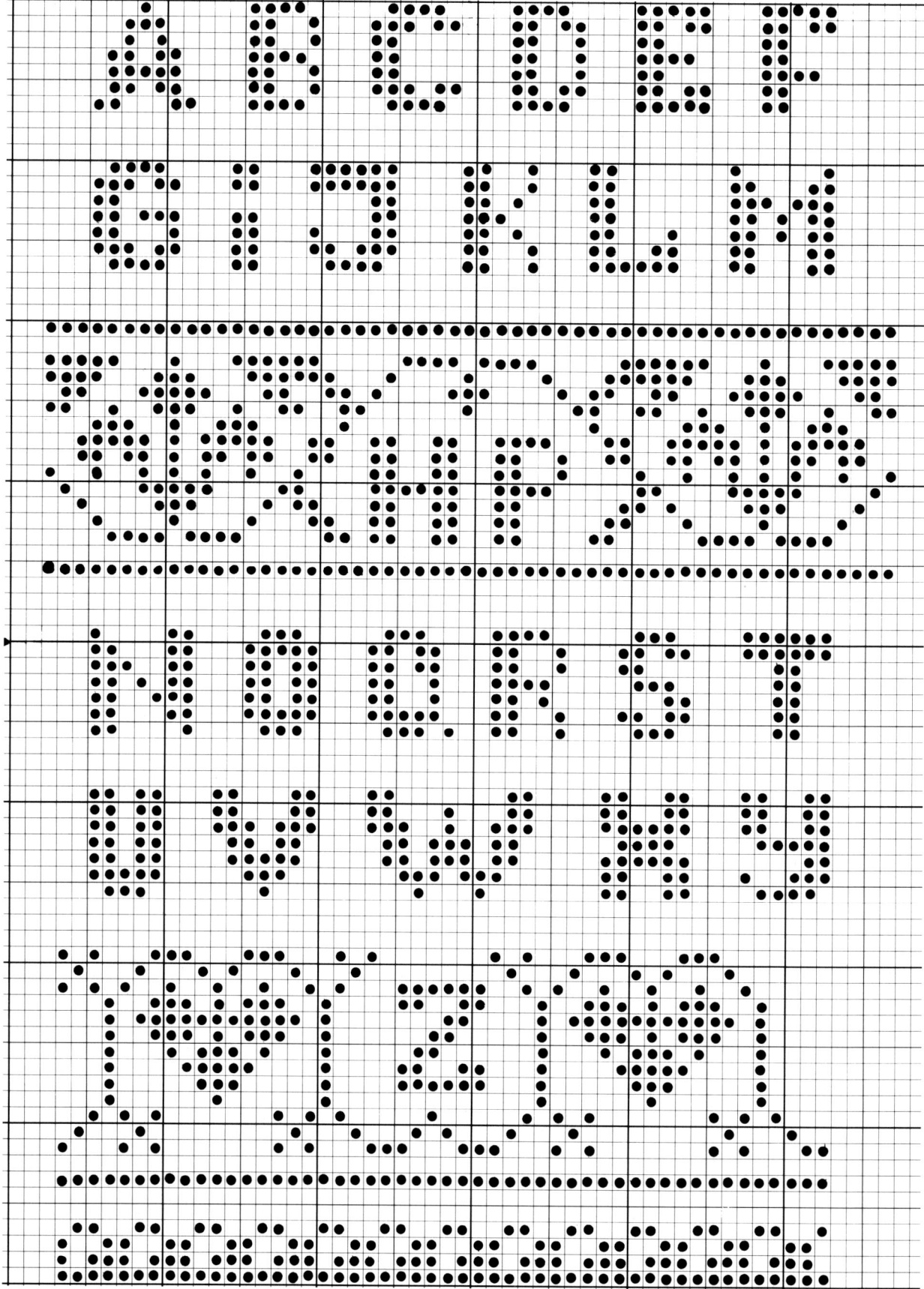

Klassik in Rot

Größen und Materialien
- Buchstabengröße Klassik 10 Kreuzstiche
  (ca. 1,9 cm), Druckbuchstaben 7 Kreuzstiche
  (ca. 1,3 cm)
- Stickereigröße 136 x 125 Kreuze
  (ca. 25,9 x 23,8 cm)
- Rahmengröße: 35 x 28 cm
- Stoff: 50 x 40 cm gebleichtes Leinen,
  10,5 Gewebefäden ca. 1 cm
- Garn: einfädiges Baumwollgarn in Rot
- Perlen: kleine Biedermeierperlen in Gelb (wer
  nicht mit Perlen arbeiten möchte, verwendet
  statt dessen einfädiges Baumwollgarn in Gelb)

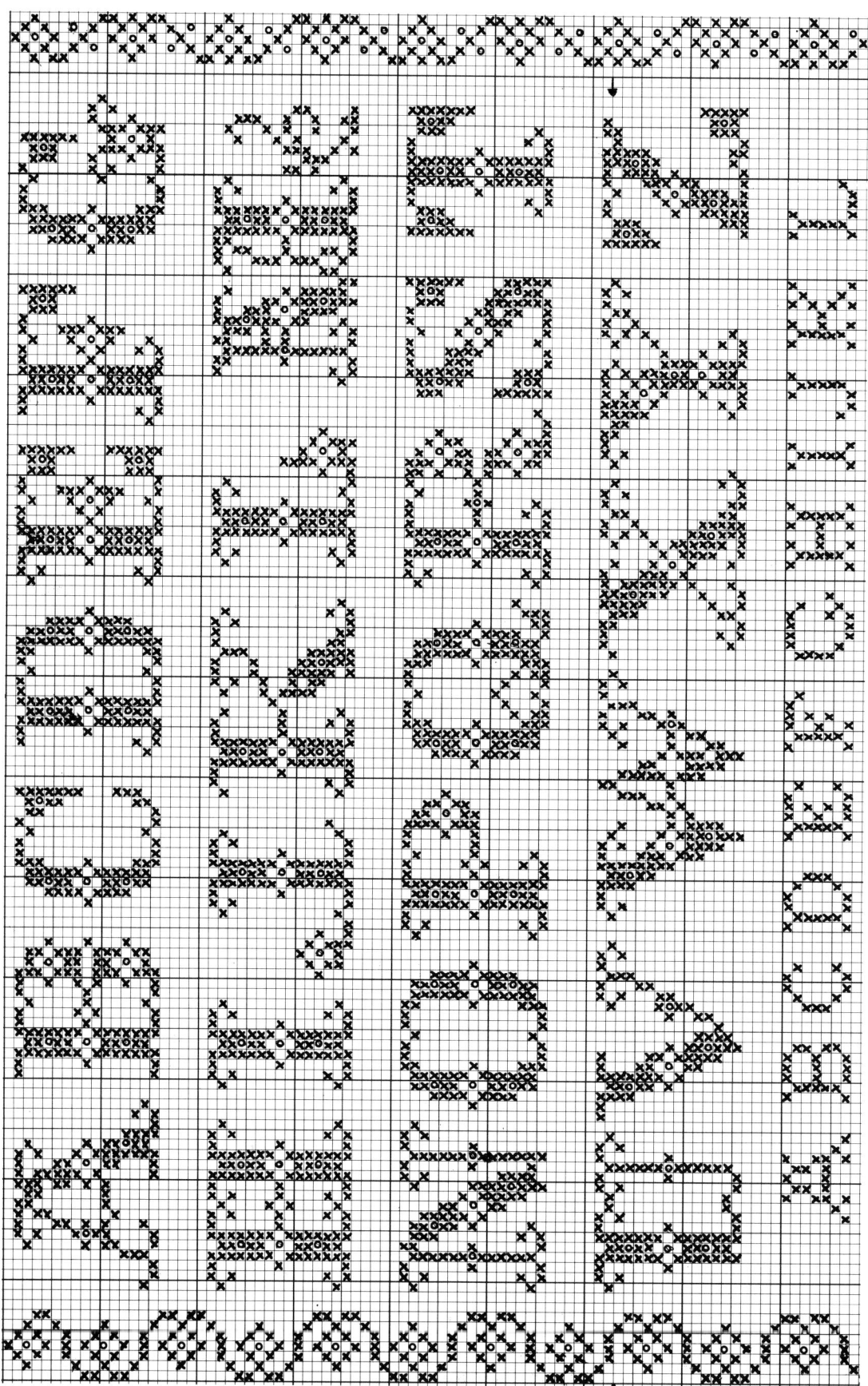

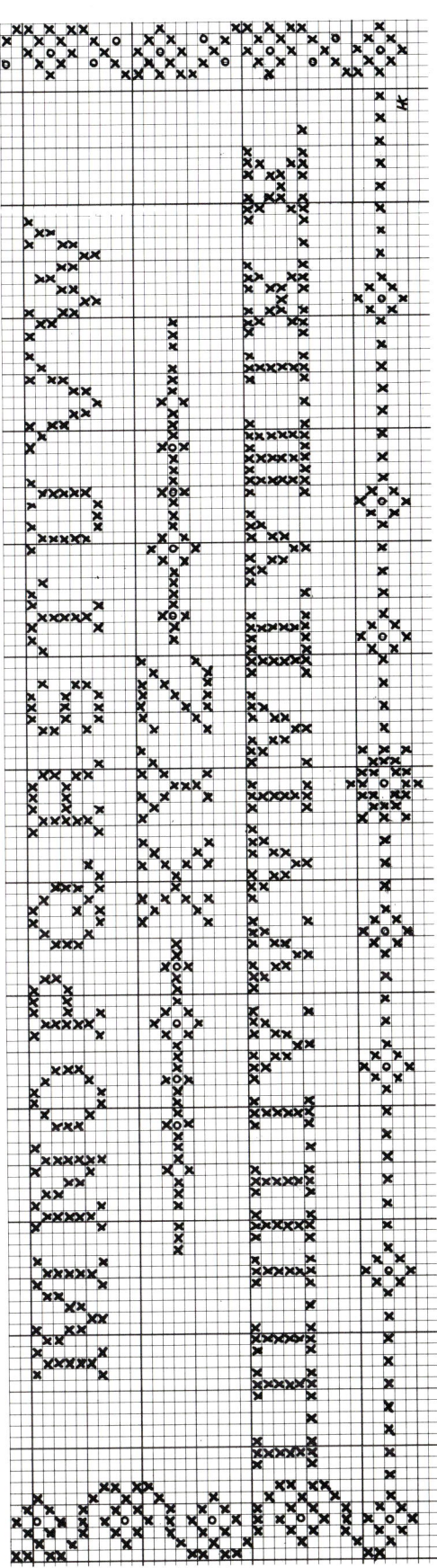

x = rot
o = Perlen (gelb)

Anleitung

Das Muster in Stoffmitte anordnen. Der Kreuzstich wird über 2 x 2 Gewebefäden nach den Zählmustern auf der Seite 38 und auf dieser Seite gestickt. Die kleinen Perlen werden, wenn sie nicht über die Sticknadel zu ziehen sind, mit einem Nadeleinfädler gefaßt.

Das Stickgarn wie beim Nadeleinfädeln durch das Öhr bzw. das Loch der Perle holen. Die Perlen entweder immer beim Unter- oder immer beim Deckstich einarbeiten. Sie liegen dann alle in der gleichen Richtung auf der Stickerei. Durch die Perlen ist eine Rahmung unter Glas natürlich nicht möglich. Abschließend die Stickerei auf weicher Unterlage (wegen der Perlen) von links dämpfen und rahmen.

Alte Musterbücher sind eine wahre Fundgrube, gerade für antike und klassische Schriften

Serviettenhalter

Größen und Materialien
– Serviettenhalter, 6,5 x 4,5 cm
– Stickfläche 4,3 x 4,5 cm
– Stoffreste von gebleichtem Leinen,
  10,5 Gewebefäden ca. 1 cm
– beliebige Farben von einfädigem Baumwollgarn

Anleitung
Die gewünschten Buchstaben werden mit einfädigem Baumwoll-Stickgarn nach Zählmuster über 2 x 2 Gewebefäden gestickt. Da die Stickerei unter die Plastikplatte geschoben wird, bleiben die Perlen bei dieser Arbeit weg und werden durch einen Kreuzstich in gleicher Farbe oder in einer Kontrastfarbe ersetzt. Die Stickerei auf eine leichte, aufbügelbare Vlieseline bügeln und fadengerade in der benötigten Größe zuschneiden. Am einfachsten schneiden Sie ein Papier-

muster in entsprechender Größe, schieben es zur Probe in den Serviettenhalter, legen es auf die Stickerei und zählen ringsum die gleiche Fadenanzahl ab. Den Stoff erst dann abschneiden, wenn Sie sich mit der Größe ganz sicher sind.

Gotik mit Tradition

Seit der Jahrhundertwende wurde dieses und ähnliche Muster immer wieder gern in Frauenzeitschriften veröffentlicht. Aus einer solchen Sammlung von „feinen Frauenarbeiten" stammt auch diese überlieferte Vorlage.

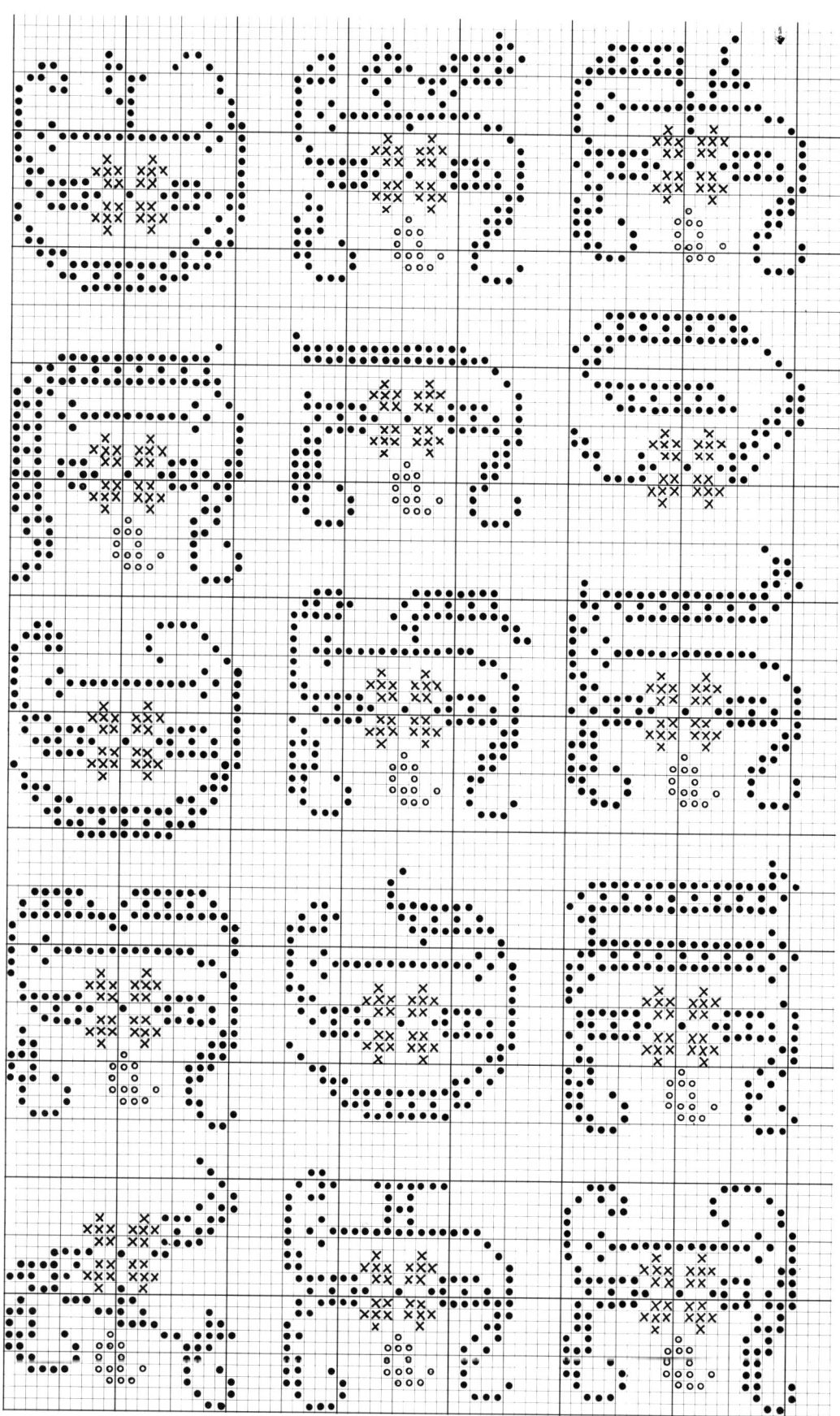

•=graublau
x=altrosa
o=grün

Größen und Materialien

– Buchstabengröße 21 Kreuzstiche (ca. 4 cm)
– Stickereigröße 116 x 137 Kreuze
  (ca. 22,1 x 26,1 cm)
– Bilderrahmen 30 x 40 cm
– Stoff: 40 x 50 cm gebleichtes Leinen,
  10,5 Gewebefäden ca. 1 cm
– Garn: einfädiges Baumwollgarn in den Farben
  Graublau, Altrosé, Moosgrün

Anleitung

Die Stickerei in der Mitte des Stoffes beginnen
und nach dem Zählmuster auf den Seiten 42
und 44 sticken. Von links dämpfen, mit Schaumstoff oder Vlieseline unterlegen und farblich ab-
gestimmt rahmen.

Anleitung

Die gewählten Buchstaben auf die Stoffmitte
über 2 x 2 Gewebefäden sticken. Stickerei auf
Vlieseline aufbügeln, ringsum in Größe des
Papiermusters knappkantig abschneiden, in die
Vertiefung des Briefbeschwerers legen und die
Filzunterlage gegenkleben.

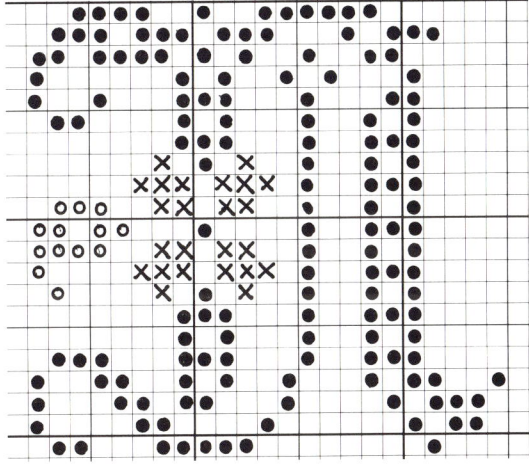

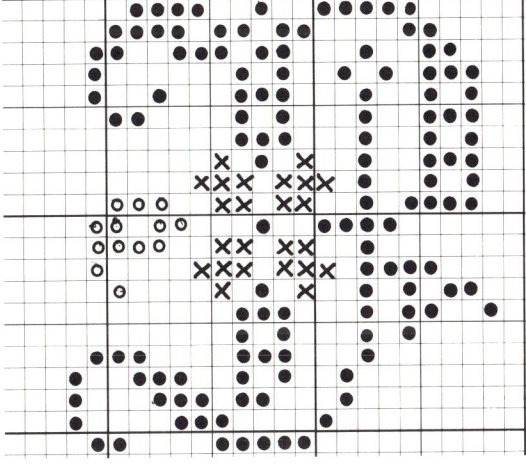

Briefbeschwerer

Größen und Materialien

– Briefbeschwerer quadratisch, 6,5 x 6,5 cm
  (Stickfläche 5 x 5 cm)
– Briefbeschwerer rund, 9 cm (Stickfläche 7,2 cm
  rund)
– Stoff: kleine Reste gebleichten Leinens,
  10,5 Gewebefäden ca. 1 cm
– Garn: Reste von einfädigem Baumwollgarn in
  beliebigen Farben

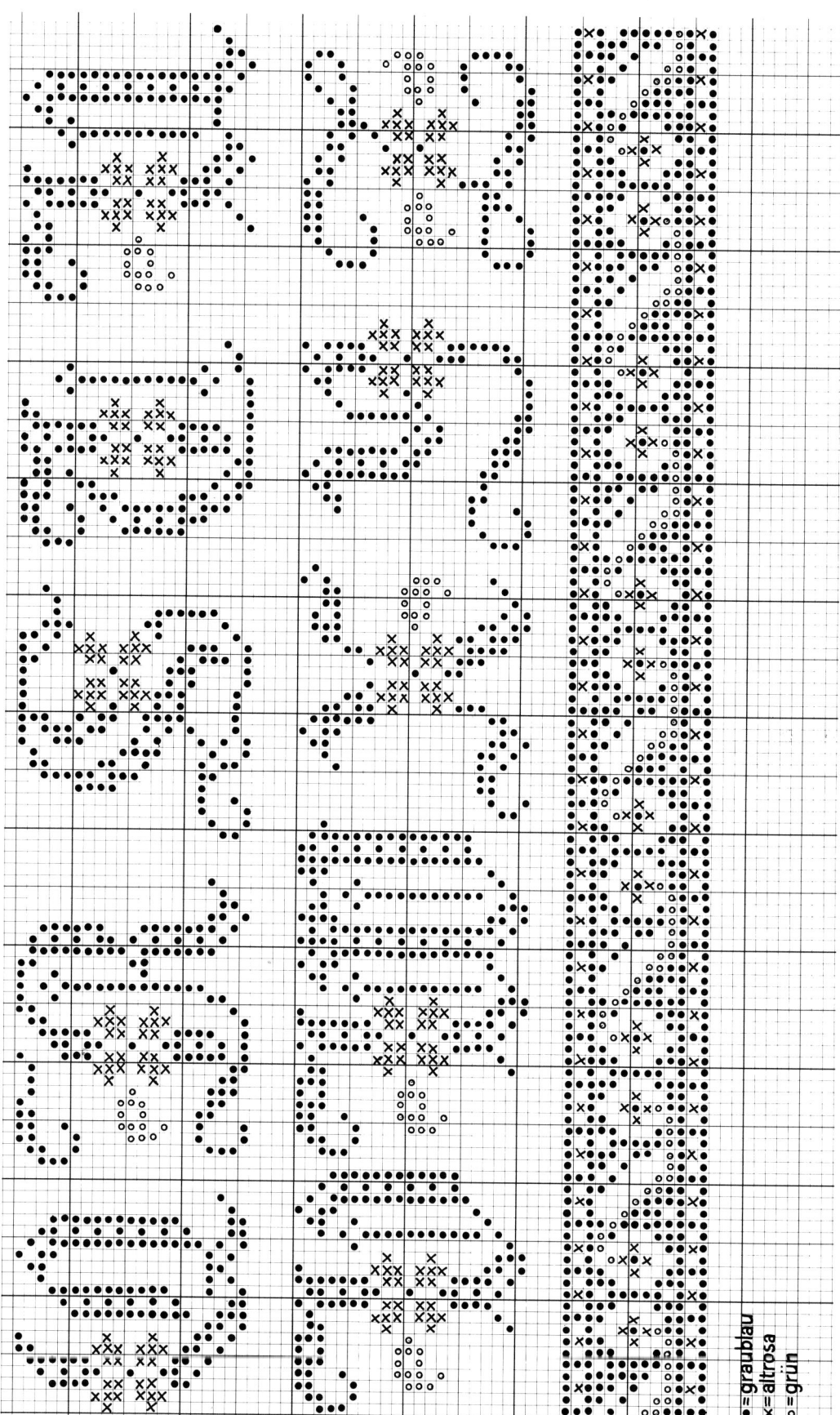

• = graublau
× = altrosa
o = grün

Im Stil der Gotik

Schmuck für ein Tablett

Größen und Materialien
– Tablett ca. 35 x 21 cm,
– Stickfläche ca. 28 x 16 cm
– Buchstabengröße 10 Kreuzstiche (ca. 1,9 cm)
– Stickereigröße 123 x 77 Kreuze
  (ca. 23,4 x 14,6 cm)
– Stoff: 40 x 50 cm gebleichtes Leinen,
  10,5 Gewebefäden ca. 1 cm
– Garn: Sticktwist 4fädig in den Farben:
  Gold, Moosgrün, Dunkelblau

Anleitung
Motiv in Stoffmitte in der Mitte des Zählmusters
von Seite 46 beginnen. Den Kreuzstich über 2 x 2
Gewebefäden mit 4fädigem Sticktwist ausführen.
Die fertige Stickerei auf Vliesline aufbügeln und
anhand des Papiermusters vom Tablett knappkan-
tig ausschneiden.
Die Stickerei in das Tablett einlegen, Pappformen

dahinter, damit Holzrand und Pappformen gleichhoch sind. Zum Abschluß die Filzplatte gegenkleben.

Holzdose

Größen und Materialien
– Holzdose, 12,5 cm groß (Stickfläche 9 cm)
– Stickereigröße 41 x 41 Kreuze (ca. 7,8 cm rund)
– Stoff: Stoffrest ca. 15 x 15 cm gebleichtes Leinen,
  10,5 Gewebefäden ca. 1 cm
– Garn: Sticktwist in den Farben Gold, Moosgrün,
  Dunkelrot

Anleitung
Nach Zählmuster von Seite 48 wird das Motiv in
die Mitte des Stoffes gestickt. Den Kreuzstich mit
4fädigem Sticktwist über 2 x 2 Gewebefäden stik-
ken. Die Stickerei auf Vliesline aufbügeln und
entsprechend dem Papierschnitt knappkantig

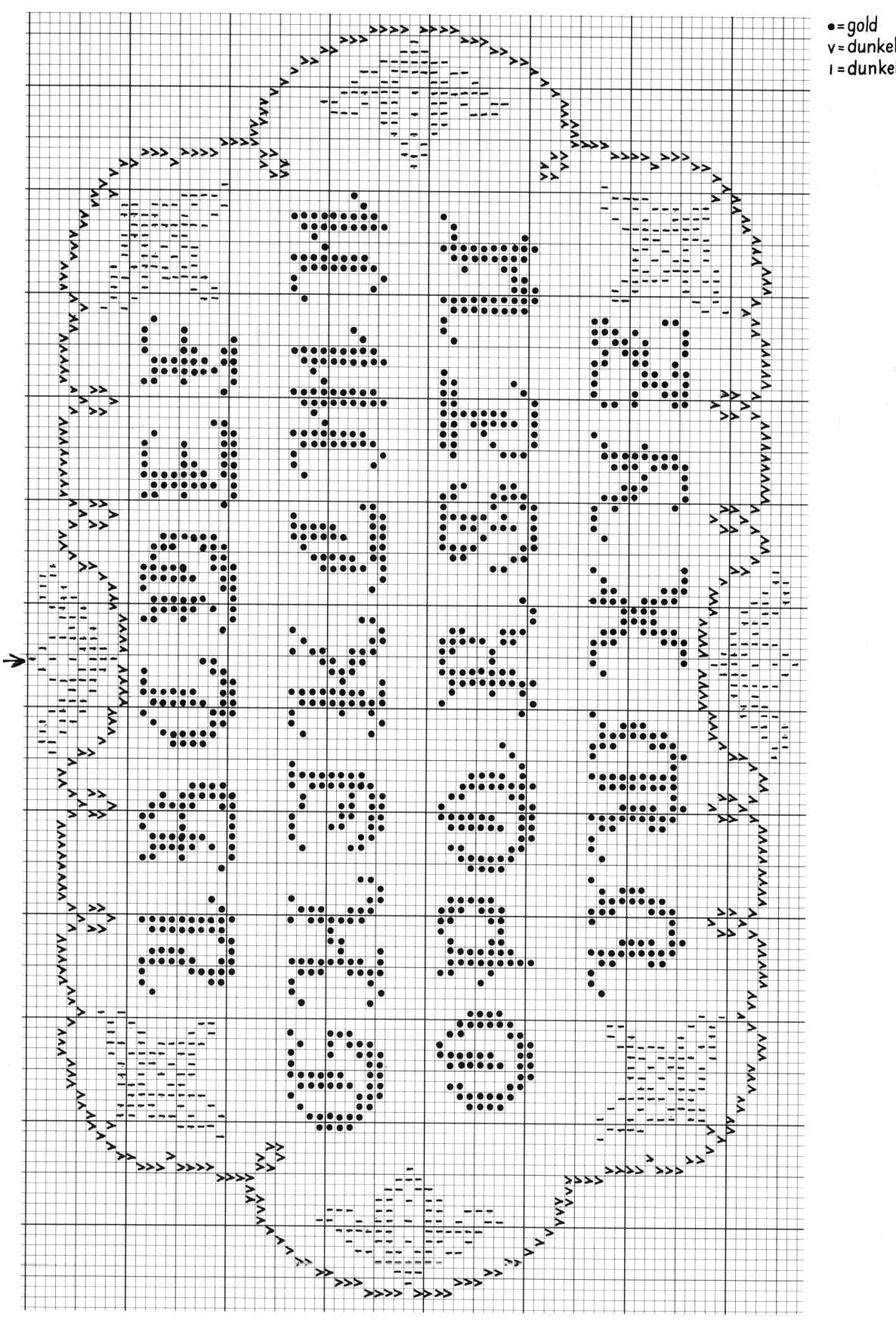

• = gold
v = dunkelgrün
ı = dunkelbraun

abschneiden. Acetatscheibe, Stickerei, Schaumstoff und Metallplatte mit der Wölbung zur Stickerei in die Deckelform einlegen. Wenn die Metallplatte fest eingefügt ist, die Filzplatte dagegen
kleben.

Sechseckiger Untersetzer

Größen und Materialien
- Größe des Untersetzers ca. 18 cm
- Stickfläche ca. 12 cm
- Stickereigröße 57 x 51 Kreuze
  (ca. 10,9 x 9,7 cm)
- Stoff: 20 x 20 cm gebleichtes Leinen,
  10,5 Gewebefäden ca. 1 cm
- Garn: Einfädiges Baumwollstickgarn in den
  Farben: Mattgrün, Dunkelrot, Blaugrau

Anleitung
Das Motiv in Stoffmitte anordnen und nach Zählmuster auf Seite 48 sticken. Der fertige Kreuzstich
greift über 2 x 2 Gewebefäden. Die fertige Stickerei auf Vlieseline bügeln und anhand der Papier-

form knappkantig abschneiden. Dahinter die
Pappstücke einpassen, damit Holzrand und Mitte
gleichhoch sind. Zuletzt die Filzplatte gegenkleben.

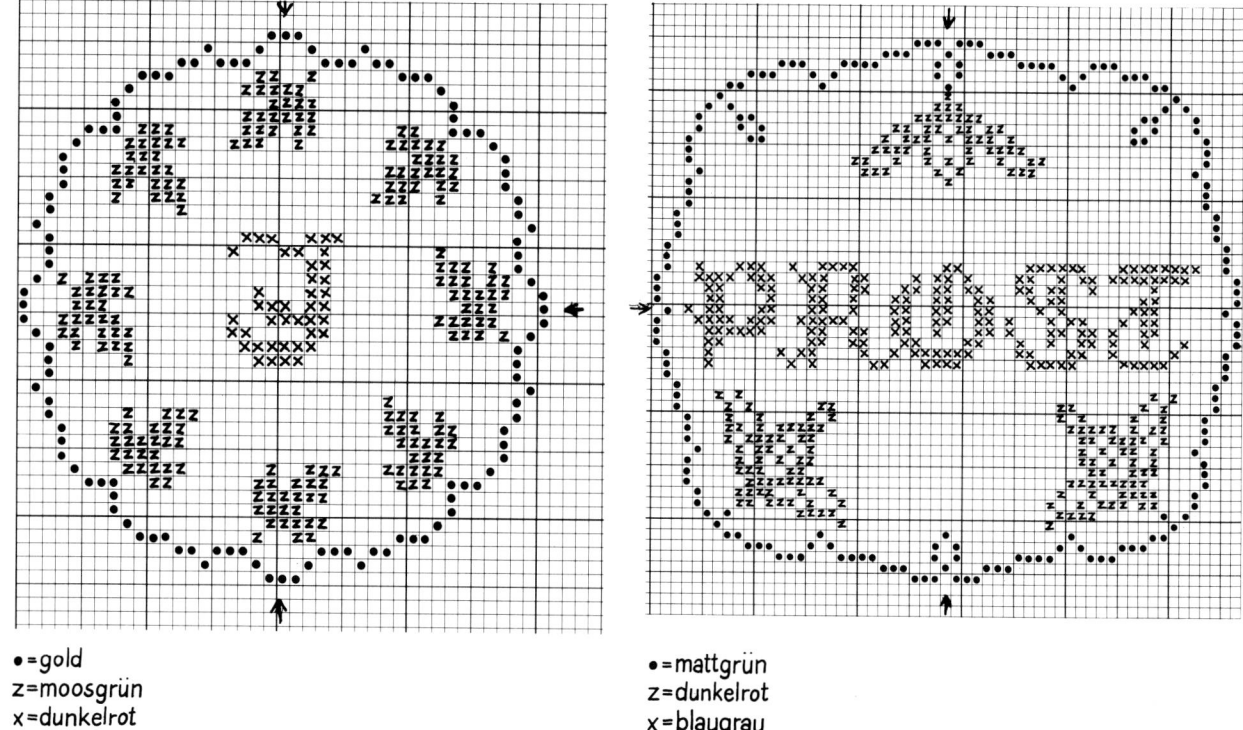

● =gold
z =moosgrün
x =dunkelrot

● =mattgrün
z =dunkelrot
x =blaugrau

Winterfarben und Eiskristalle

Größen und Materialien

– Buchstabengröße 13 Kreuzstiche
  (ca. 2,3 cm groß)
– Stickereigröße, 94 x 127 Kreuze
  (ca. 17 x 23,1 cm)
– Rahmengröße 25,5 x 33,5 cm
– Stoff: 40 x 50 cm hellblauer Baumwollstoff,
  11 Gewebefäden ca. 1 cm
– Garn: einfädiges Baumwollgarn in den Farben
  Türkis, Helltürkis, Weiß

Anleitung

Nach dem Zählmuster von Seite 50 die Stickerei
in der Stoffmitte beginnen. Der Kreuzstich greift
über 2 x 2 Gewebefäden.
Die Stickerei von links bügeln, mit Vlieseline
oder Schaumstoff unterlegen und in den Rahmen einpassen.

• = türkis   N = helltürkis   – = weiß

Türschild

Größen und Materialien

– Türschild oval, 11,5 x 9 cm
– Stickfläche 10 x 7,5 cm
– Stickereigröße 67 x 54 Kreuze (ca. 9,6 x 7,7 cm)
– Stoff: Stoffrest etwas größer als der Rahmen,
  Perlaida, 7 Gewebekaros ca. 1 cm
– Garn: einfädiges Baumwollgarn in den Farben
  Feuerrot, Flieder, Lila

Anleitung

Das Motiv mit Ihrem Namen in der Stoffmitte anordnen. Nach Zählmuster auf Seite 52 arbeiten.
Ein Kreuzstich greift über ein Fadenkaro. Das fertige Motiv mit aufbügelbarer Vlieseline unterlegen, exakt in die Mitte des ovalen Rahmens einpassen und mit Hilfe des Papiermusters knappkantig abschneiden. Acetatplatte, Stickerei und
Schaumstoff in den Rahmen einlegen, Metallplatte fest dagegendrücken. Wenn die Metallplatte fest eingedrückt ist, die Rückwand aus
Pappe mit Doppelklebeband beziehen und den
Filz daran befestigen.

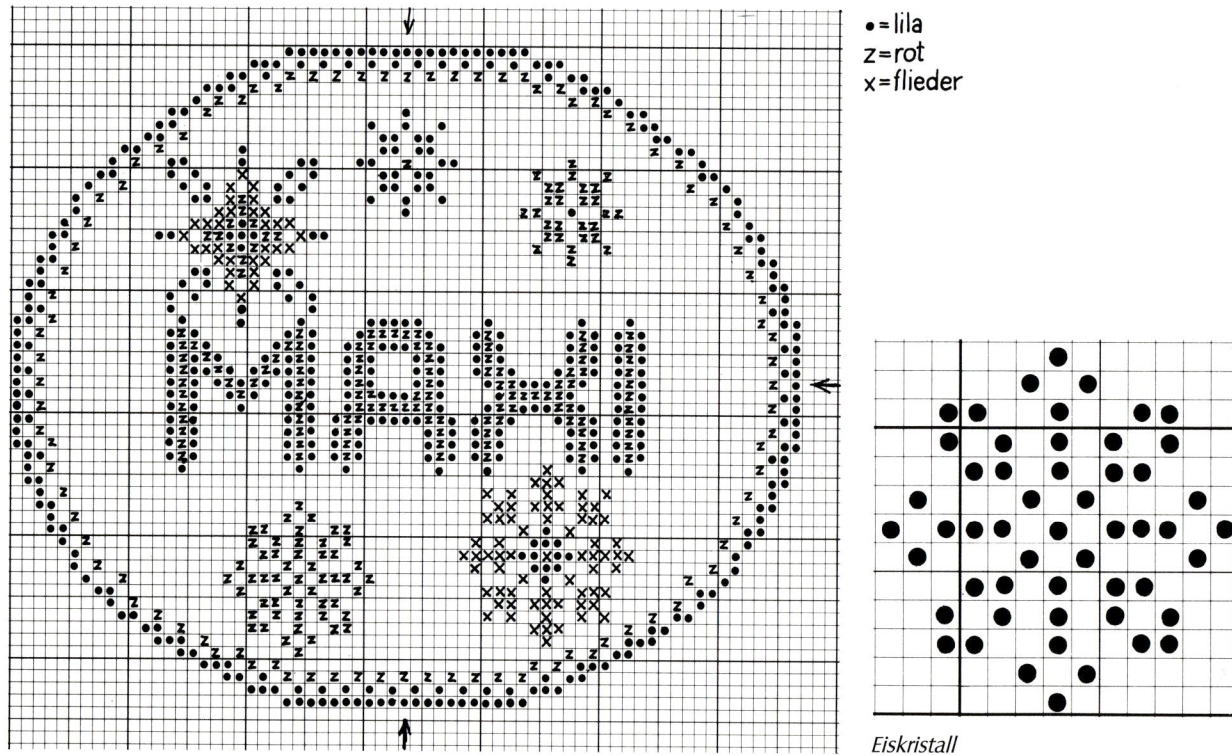

● = lila
z = rot
x = flieder

Eiskristall

Pillendöschen mit Eiskristall und Perlen

Schattenspiele

Zur Abwechslung einmal etwas streng Grafisches. Die Buchstaben werden hier ergänzt durch verschieden breite Mäanderborten, die für die vielfältigsten Zwecke dekorativ verwendet werden können.

Größen und Materialien
– Buchstabengröße 13 Kreuzstiche (ca. 3,2 cm)
– Stickerei 101 x 146 Kreuze (ca. 25,2 x 36,5 cm)
– Stoff: 50 x 60 cm roséfarbenes Leinen,
  8 Gewebefäden ca. 1 cm
– Garn: Sticktwist in Dunkelgrau

Anleitung
Mit dem Sticken nach dem Zählmuster (Seite 54 – 55) von der Mitte aus in der Stoffmitte beginnen. Der Sticktwist wird im ganzen Faden über 2 x 2 Gewebefäden, die Steppstiche über 2 Gewebefäden gestickt.
Zum Schluß die Stickerei von links bügeln, mit Schaumstoff oder Vlieseline unterlegen und rahmen.

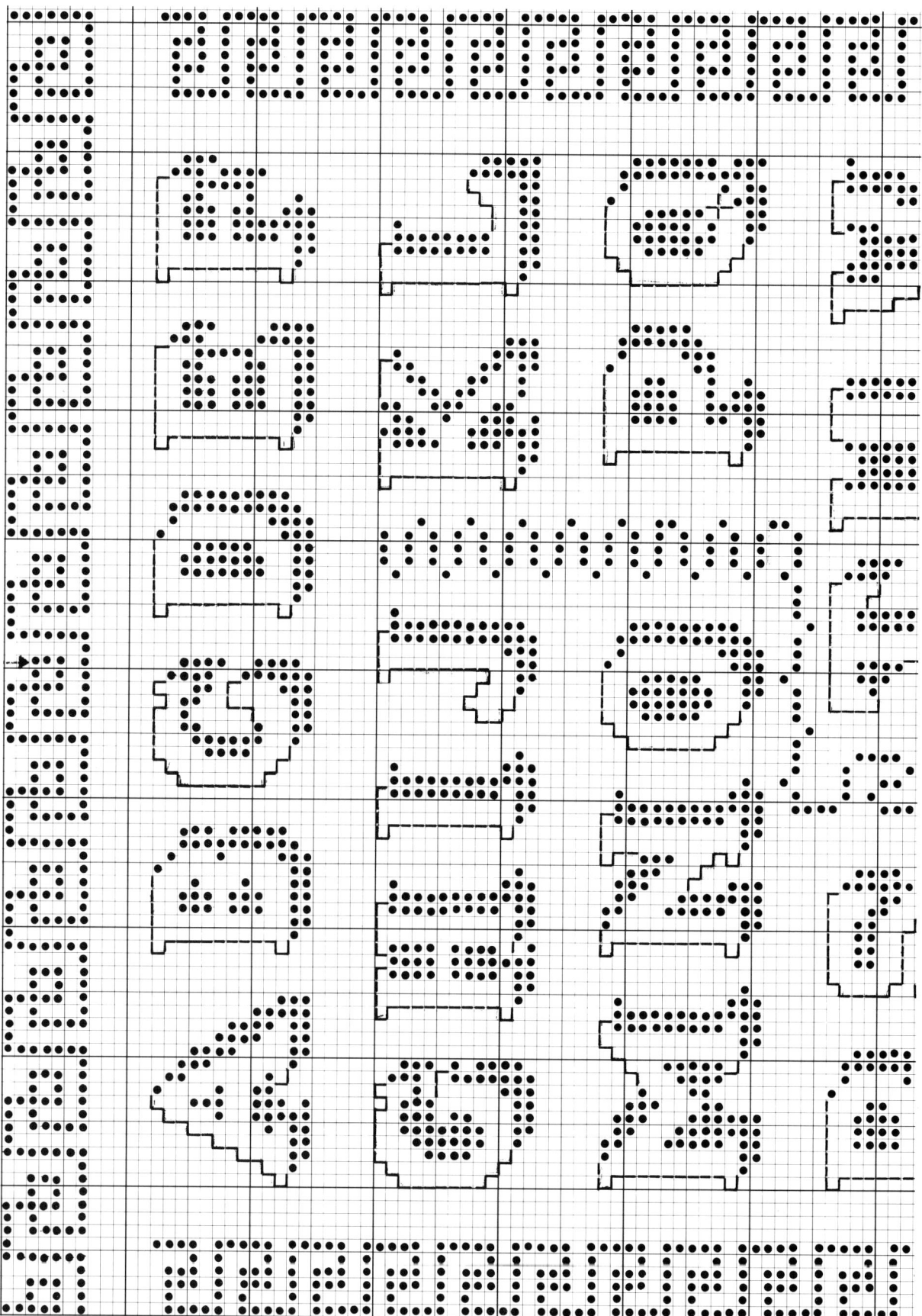

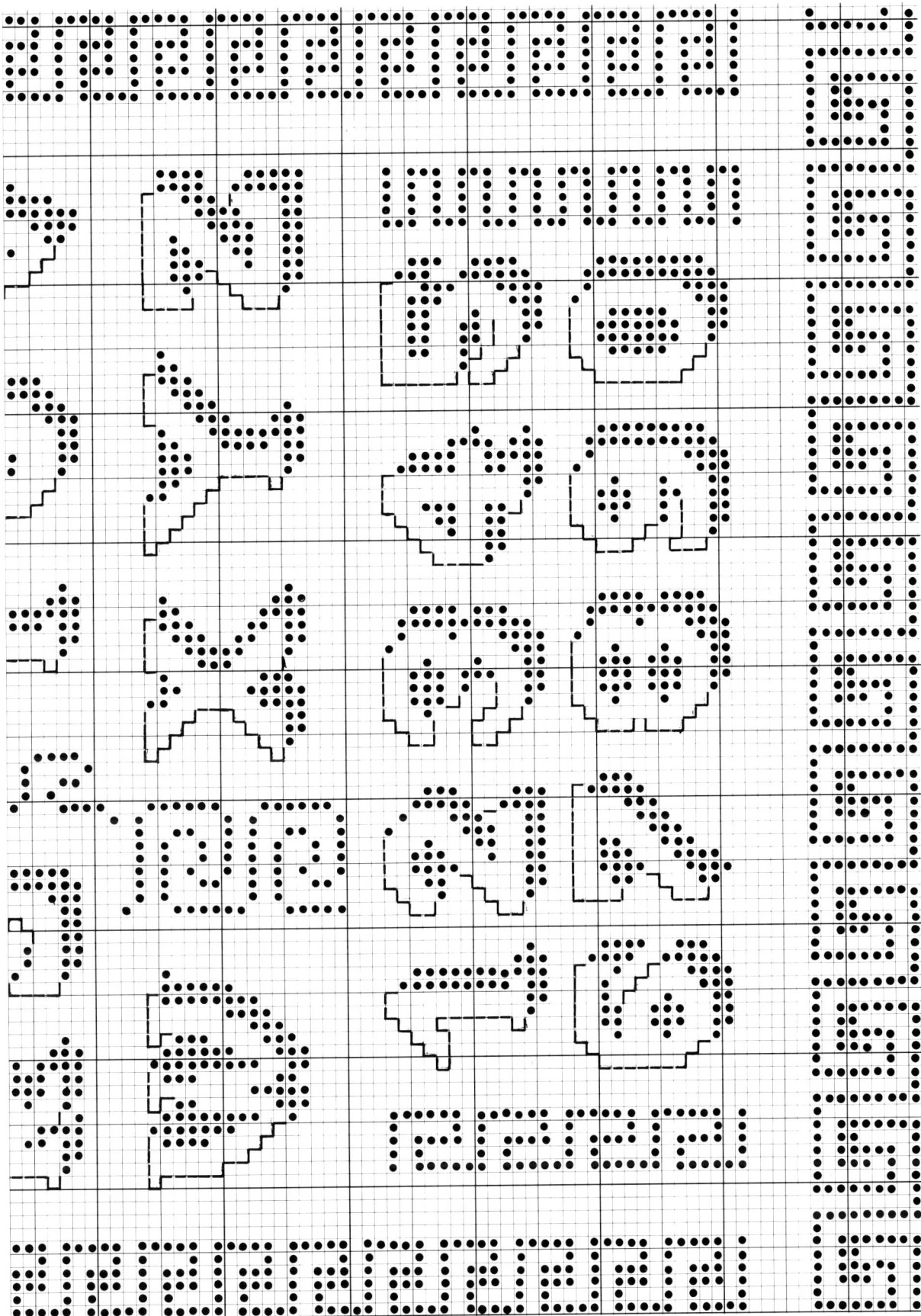

Weihnachts-alphabet

Größen und Materialien
– große Buchstaben 12 Kreuzstiche (ca. 2,3 cm)
– Zahlen 9 Kreuzstiche (ca. 1,7 cm)
– kleine Buchstaben 10 Kreuzstiche (ca. 1,9 cm)
– Stickerei 139 x 143 Kreuze (ca. 26,5 x 27,2 cm)
– Behang 33 x 35 cm groß
– Stoff: ca. 50 x 60 cm gebleichtes Leinen, 10,5 Gewebefäden ca. 1 cm, Futterstoff für die Rückwand
– kleine Biedermeierperlen in verschiedenen Farben (in manchen Gegenden nennt man sie auch Indianerperlen)
– Garn: einfädiges Baumwollgarn in den Farben Gelb, Rot, Grün, Hellgrün, Schwarz

Anleitung
Die Stickerei von der Mitte aus nach dem Zählmuster der Seiten 58 und 59 in der Stoffmitte beginnen. Die Kreuzstiche greifen über 2 x 2 Gewebefäden, der Steppstich über 2 Gewebefäden. Die Perlen werden immer mit den Deckstichen eingearbeitet.
Falls die Nadel nicht durch die Perle geht, nehmen Sie den Nadeleinfädler: Perle auf den Einfädler, Stickfaden durchholen, Faden durch die Perle holen und nun die Nadel wieder einfädeln.
Falls Sie nicht mit Perlen arbeiten wollen, ersetzen Sie sie durch Kreuzstiche in entsprechenden Farben.
Die Stickerei von links bügeln, ringsum fadengerade mit Heftlinien markieren. Die Rückwand rechts auf rechts genau im Fadenlauf gegensteppen. Dabei oben rechts und links eine 3 cm breite Öffnung für den Tunneldurchzug der Aufhängung lassen und den unteren Rand nicht zunähen, sondern von Hand säumen. Wenn der untere Rand zugenäht wird, entstehen mit der Zeit leicht unansehnliche Beulen im Stoff, weil sich der bestickte Stoff und die Rückwand nicht gleichmäßig aushängen.

Lesezeichen

Größen und Materialien
– Lesezeichen hellbeige, 5,5 x 18 cm und grün, 5 x 18 cm
– Ausschnitte 2,8 x 14,7 cm, bzw. 3 x 12,8 cm
– Stoffreste in der Größe der Buchzeichen, Leinen, 10,5 Gewebefäden ca. 1 cm
– Baumwollgarnreste in Farben, die mit dem Stoffton der Buchzeichen harmonieren

Anleitung
Initialen oder Name unter- oder nebeneinander sticken und durch die ausgewählte Mäanderbordüre ergänzen.

*Dieses reich verzierte Weihnachtsalphabet bietet Ihnen
neben den einzelnen Buchstaben eine Fülle weiterer weih-
nachtlicher Ornamente und Bordüren.*

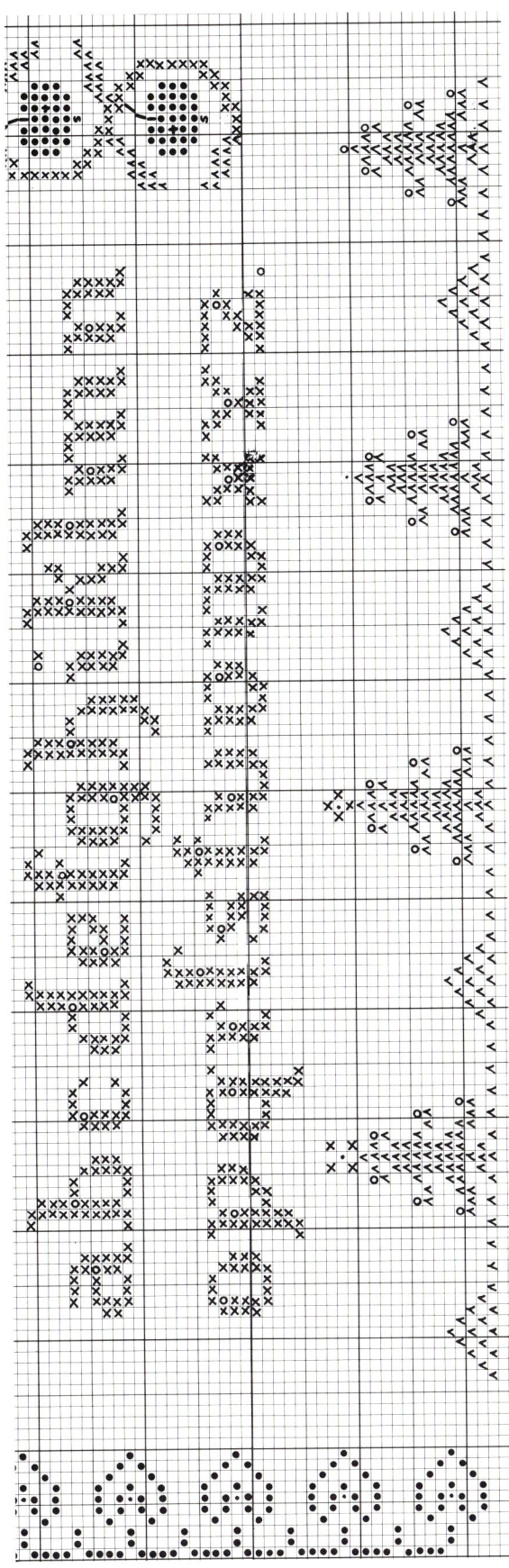

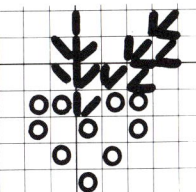

x = gelb
o = rote Perle
· = goldene Perle
● = rot
r = rosa Perle
w = weiße Perle
+ = gelbe Perle
∧ = grün
= = hellgrün
s = schwarz
∟ = Steppstich,
   schwarz

Detail

Potpourridöschen

Weihnachtliches Potpourridöschen

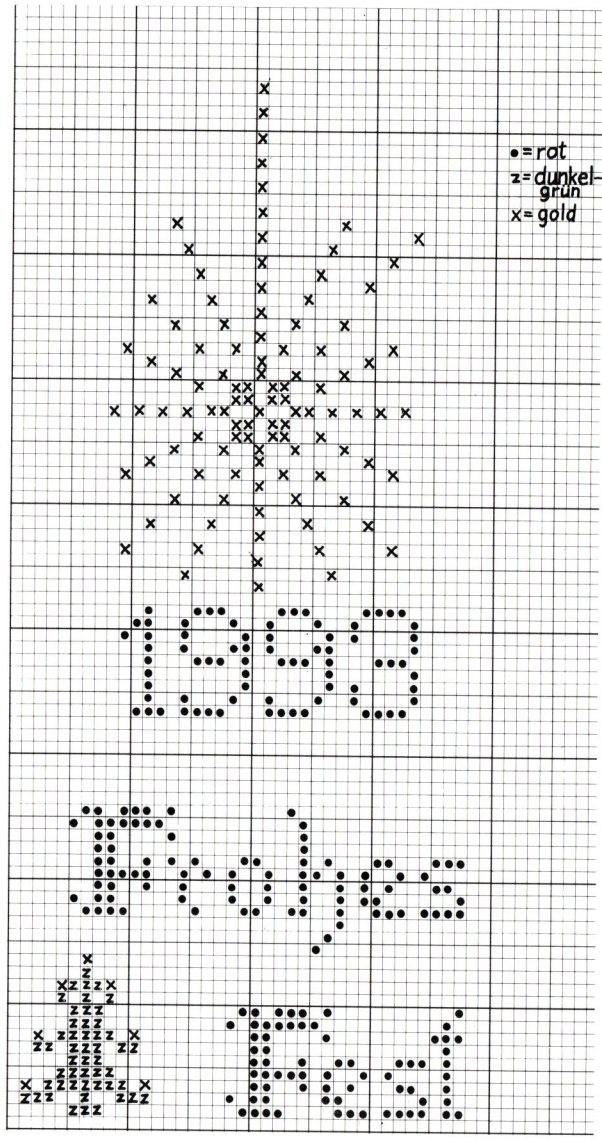

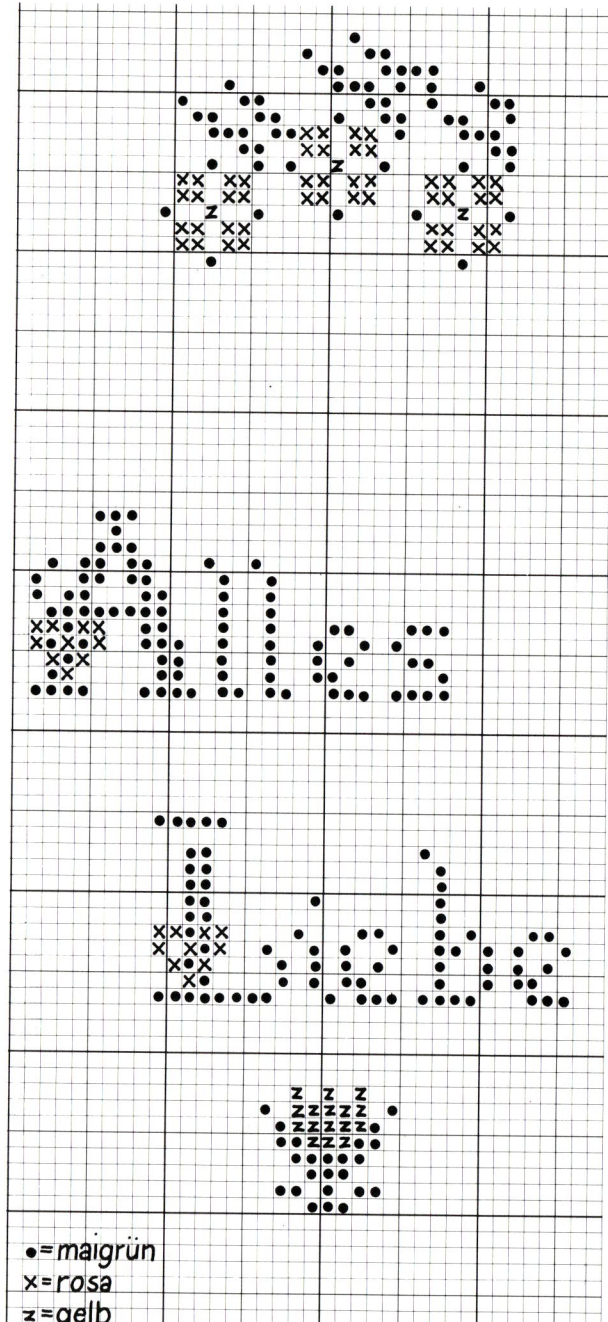

• = rot
z = dunkel-grün
x = gold

• = maigrün
x = rosa
z = gelb

Faltkarten

Größen und Materialien „Frohes Fest"
– Faltkarte 11,5 x 18 cm
– Stickfläche „Tanne" ca. 7 x 12 cm
– Stickereigröße 37 x 83 Kreuze (ca. 5,3 x 11,9 cm)
– Stoffrest von weißem Perlaida, 7 Fadenkaros ca. 1 cm, in Kartengröße
– Garnreste von einfädigem Baumwollgarn in Rot, Gold, Grün

Anleitung
Gestickt wird nach dem Zählmuster von der linken Seite, Ausführung siehe Abbildung oben.

Größen und Materialien „Alles Liebe"
– Faltkarte, 11,5 x 18 cm
– Ovale Stickfläche ca. 10,5 x 15 cm
– Stickereigröße 36 x 74 Kreuze (ca. 5,1 x 10,6 cm)
– Stoffrest von weißem Perlaida, 7 Fadenkaros ca. 1 cm, in Kartengröße
– Garnreste von Sticktwist in den Farben Maisgrün, Rosa, Gelb

Anleitung
Gestickt wird nach dem Zählmuster von der linken Seite, Ausführung siehe Abbildung oben.

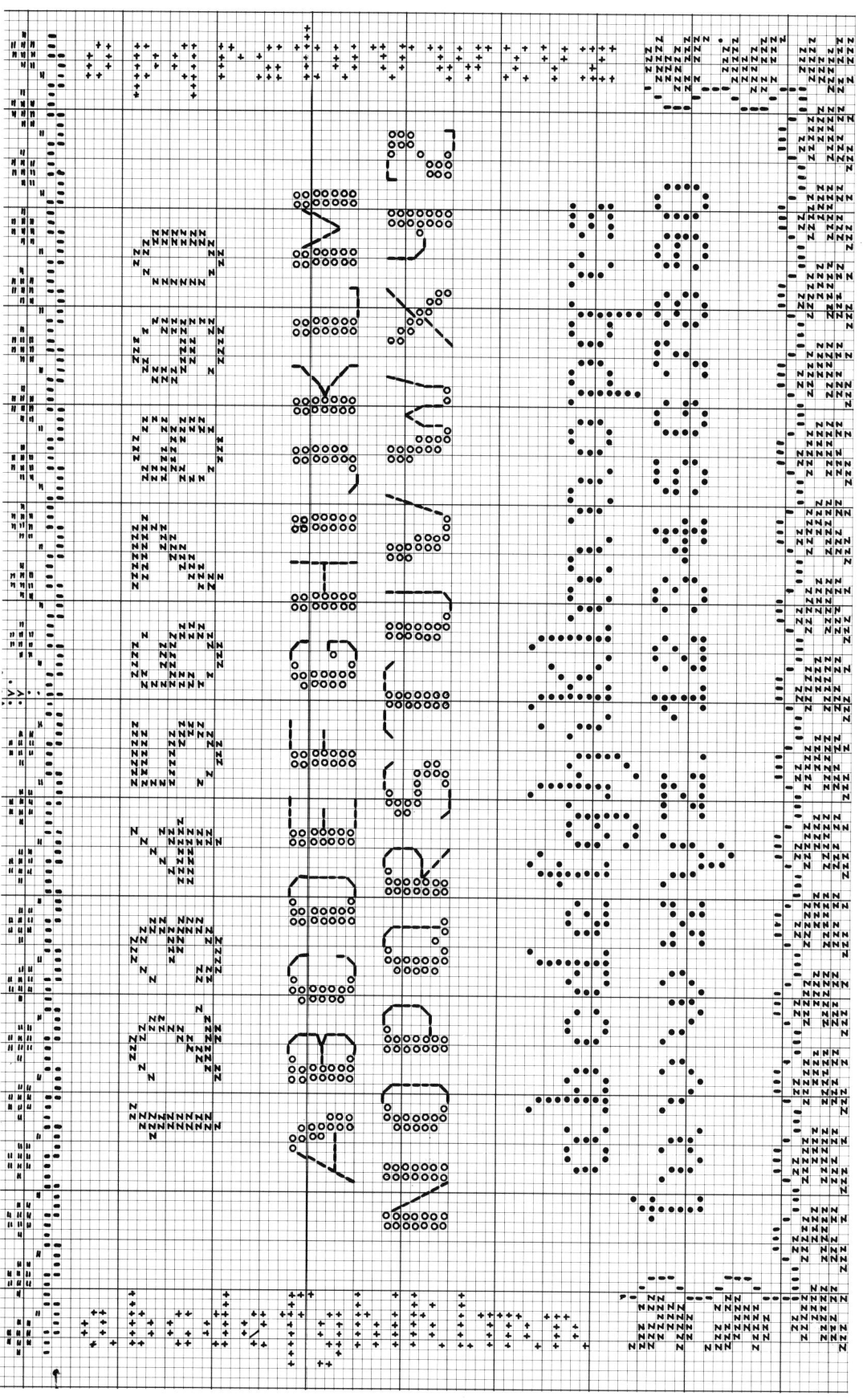

x = orange
= = dunkelgrün
v = grün
• = hellgelb
● = rot
❙ = braun
z = ziegelrot
o = zitrone
+ = apricot
❙__ = Steppstich
(zitrone)

Herbststimmung

Größen und Materialien
- Behang 32,5 x 41 cm
- Stickereigröße 137 x 167 Kreuze (ca. 26,1 x 31,8 cm)
- Stoff: 50 x 60 cm ungebleichtes Leinen,
  10,5 Gewebefäden ca. 1 cm
- Garn: einfädiges Baumwollgarn in den Farben
  Orange, Dunkelgrün, Grün, Hellgelb, Rost,
  Braun, Ziegel, Zitrone, Apricot

Anleitung
In der Stoffmitte nach den Zählmustern von
Seite 62 und Seite 64 mit dem Baumwollgarn
beginnen. Ein Kreuzstich greift über 2 x 2 Gewe-
befäden, der Steppstich über 2 Gewebefäden.
Diese Mustersammlung kann insgesamt als
Wandbehang oder auch in mehreren Einzel-
stücken Verwendung finden.

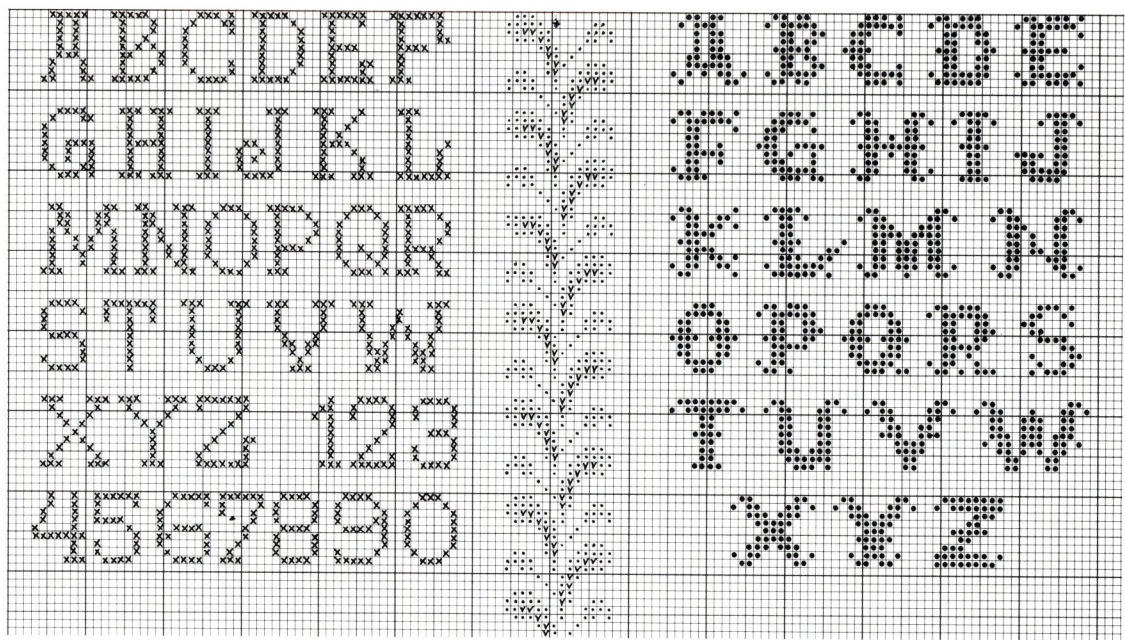

Farben siehe Seite 62.

Geschenkanhänger und Tischkarten

Größen und Materialien

- Geschenkanhänger, 5 x 5 cm (Ausschnitt 3 cm rund)
- Tischkarten, 4 x 10 cm (Ausschnitt 2,5 cm rund)
- Stoff- und Garnreste

Anleitung

Aus beliebigen Stoffresten und passenden Garnen können Sie für die Familie und Freunde Tischkärtchen und Geschenkanhänger für besondere Gelegenheiten vorbereiten. Die Buchstaben mit Vlieseline unterbügeln, in Karten- oder Anhängergröße so ausschneiden, daß der Buchstabe exakt in der Mitte der Öffnung sitzt. Durch das Klebeband in den Karten wird dann Ihre Stickerei sicher gehalten.